朝日新書
Asahi Shinsho 901

早慶MARCH大激変

「大学序列」の最前線

小林哲夫

朝日新聞出版

本書に掲載された教員の所属、部局の正式名称などのデータは2023年1月時点のものである。

まえがき

早慶MARCH。

ソウケイマーチと読む。大学受験に少しでも関心がある方々ならばピンとくる言葉である。早稲田大（早）、慶應義塾大（慶）、明治大（M）、青山学院大（A）、立教大（R）、中央大（C）、法政大（H）の7校をさす。早慶に続く5文字は、アルファベットの頭文字を並べたものだ。

40代50代くらいであれば自らが受験生のとき、よく聞かされた大学グループである。そして彼らの子供たち、つまり、2020年代の受験生が首都圏で大学選びをするにあたって、意識せざるを得ない7校となる。

本書は、2016年に刊行した『早慶MARCH　大学ブランド大激変』の最新版（以下「2016年版」）であり、「2023年版」「令和版」といっていい。

早慶MARCHはどう変化したか

「2016年版」から7年経った。早慶MARCHいずれも大学のカラーが大きく変わることはなかった。建学の精神、教育の理念は短期間で変わるものではない。

しかし、この7年間で大学をとりまく環境は大きく変動した。

少子高齢化に歯止めが利かず18歳人口が減り続けている。女子学生の四年制大学進学率が上昇した。グローバル化がより進んだ。ジェンダー平等の気運が高まった。国の政策としてSDGs（Sustainable Development Goals 持続可能な開発目標）への取り組みが進んだ、などである。そして、2020年代、新型コロナウイルスの感染が拡大。入試制度が変わり大学入学共通テストがスタートという大きな出来事があった。早慶MARCHはこうした状況にさまざまな対応策を打ち出した。時代に取り残されてはいけない、という思いは強く、入試方法の変更、学部学科専攻の新設や改編などに力を入れた。

本書では「2016年版」では想定できなかった早慶MARCHの変化をまとめた。なかでも7校をめぐる志望者の選択（早慶や青学立教の両方合格者の進学先など）、社会科学系学部への女子学生の動向には、大きな変化が見られた。また、コロナ禍、ウクライナ戦争、旧統一教会問題などに、早慶ＭＡＲＣＨは教育理念から独自の見解を示したことも注目される。

もう1つ、「2016年版」の執筆当時との違いを感じたことがある。早慶ＭＡＲＣＨが情報を積極的に公開するようになったことだ。就職先、入学者数、中退者数などのデータをできるだけ詳《つまび》らかにしようという姿勢は評価できる。十分でないところはあるが、2000年以前の「非公開」「未集計」ラッシュに比べれば雲泥の差だ。文科省が大学に情報公開を求めたことによるものだが、高校側からの要望に応えたことも大きい。さらなる情報公開を望みたい。

なぜこの7校を取り上げるのか

本書では「早慶ＭＡＲＣＨ」という括りで7校について論じた。「2016年版」刊行後、早慶ＭＡＲＣＨと同じような難易度で併願校となる上智大、国際基督教大、東京理科大、学習院大は同じグループに入れないのか、という意見をいただいた。実際、「早慶上理」あるいは学習院大＝Ｇを加えて「ＧＭＡＲＣＨ」と呼ぶ受験関係者もいる。

しかし、本書においては、①学生数1万5000人以上を数える総合大学である②一般入試志願者が多い ③第一志望とする受験生が多い ④学部数が多い ⑤創立が前身を含めて100年以上前にさかのぼる ⑥入試難易度が近い、併願の相手となる、等々の点、もう少しひらたくいえば、歴史と伝統があって、誰もが知っている大規模大学ということに鑑みて「早慶MARCH」の7校を取り上げた。

私見によれば、「早慶MARCH」という言い方は2000年代以降に広まった。もともと「早慶」と「MARCH」に分けられており、2つを合体させた大学グループ分けである。早慶という言い方は100年以上前から使われている。野球の早慶戦が始まったのは、1903(明治36)年である。正式名称は「第一回早慶野球試合」とある。入試においてもライバル校として「早慶」と称されていた。

「2016年版」でも触れたが、MARCHは1960年代に生まれた。名付け親は旺文《おうぶん》社で「螢雪《けいせつ》時代」など受験情報誌を作っていた代田恭之《しろたたかゆき》さんだ。代田さんに、MARCH誕生の秘話を聞いてみた。こう話してくれた。「全国の高校や大学をまわって、大学受験について講演をすることが多かった。よく出張で長旅に出たものです。そんなとき、旅館で酒を飲みながら、大学名で語呂合わせをよく考えました。講演で聴衆が眠くならないよう、インパクトがある名称を考えたかったのです。受験生に大学を身近に感じてもらいたい、そして、つらい受験勉強を和ませてあげようという思いからです。いくつかの大学を同じような難易度、似たような歴史と伝統、そして近隣地域で組み合わせて、グループ分けしました」

代田さんは1932（昭和7）年生まれ。90歳を超えるが、まだまだお元気で大学通信の顧問をつとめる。代田さんに敬意を表して、代田作品をいくつか紹介しよう。「日東駒《にっとうこま》専《せん》」＝日本大、東洋大、駒澤大、専修大。「大東亜帝国《だいとうあていこく》」＝大東文化大、東海大、亜細亜大、帝京大、国士舘大。「関東上《かんとうじょう》流《りゅう》江《え》戸《ど》桜《ざくら》」＝関東学園大、上武大、流通経済大、江戸川大、桜美林大。そして、極めつきはこれだ。「津田の東の本女《ほんじょ》には、セイント・フェリスの泉あり。大妻・実践・共立の昭和《しょうわ》女《おんな》の白百合は武蔵野跡に咲き乱る」＝津田塾大、東京女子大、日本女子大、聖心女子大、フェリス女学院大、清泉女子大、大妻女子大、実践女子大、共立女子大、昭和女子大、白百合女子大、武蔵野女子大、跡見学園女子大。もっとも、女子大の作品は使えない。武蔵野女子大は武蔵野大となり、共学になってしまったからだ。なお、関関同立は代田さんの作品ではない。大阪の夕陽丘予備校創業者が作った言葉だ。

早慶MARCHの日本社会における役割とは

「MARCH」の話に戻そう。1960年代に生まれたこの言葉はそれほど広まらなかった。1970年代半ばごろから予備校のあいだで少しずつ使われるようになり、1990年前後の大学入試バブル期（たとえば、1人で10校以上併願する現象）に広がった。ただし、これは大学受験業界の話で、受験雑誌や予備校資料で注釈なしでごく普通に使われるようになったものの、メディアに登場するようになったのは、もうすこし先の話だった。

2000年代に入って、東大合格高校ランキングを掲載する新聞社系週刊誌で、MARCHが登場する。

「早慶MARCH関関同立　伸びている私立高校」（「週刊朝日」2004年4月30日号）

「早慶、上智・ICU、MARCHへの近道「私大合格力」ランク」（「読売ウイークリー」2005年3月27日号）

「早稲田、慶応に続く私立大学、いわゆる「MARCH」（明治、青学、立教、中央、法政）に人材が多いのではないか――」（「AERA」2006年1月2・9日号）

2010年代に入ってMARCHは経済誌に進出する。

「37校選抜でＭＡＲＣＨ関関同立創価大の悲喜こもごも……」（「週刊ダイヤモンド」２０１５年４月11日号）

「その大学（ブランド）は損か得か　早慶ＭＡＲＣＨ」（「週刊東洋経済」２０１５年６月27日号）

「ＭＡＲＣＨの学生は、派手さはないけれど手堅く仕事をこなす、しっかり者というイメージで配属後の評判もよかった」（「週刊現代」２０１８年３月３日号）

「ＭＡＲＣＨそれぞれの就職事情　現役学生やＯＢの〝生の声〟に聞くキャンパスライフの実態」（「週刊新潮」２０１９年１月24日号）

そして、２０２０年代の今日、ＭＡＲＣＨという言い方はまったく廃れることなく使われている。

各都道府県で公立高校が進学目標として「早慶ＭＡＲＣＨ合格＊＊人」を掲げているのをよく見かける。私立中高一貫校が大学合格実績として「早慶ＭＡＲＣＨ合格＊＊人」と宣伝することもめずらしくなくなった。

そこで、早慶ＭＡＲＣＨが「２０１６年版」から７年の時を経てどのように進化したか。よりブランド力を持つようになったかをお伝えしたい。

本書「2023年版」では、早慶MARCHを目指す受験生、早慶MARCHの今を知りたい方々に向けてパンフレットやウェブサイトだけではわからない話を満載した。また、早慶MARCH当事者や関係者（学生、教員、保護者、OB・OG）が、ライバル校と比べられるようにデータをふんだんに用いた。早慶MARCHの入学案内として、早慶MARCHを発展させる基礎資料として活用してほしい。そして、すこしでも大学に関心を持っている方すべてに、早慶MARCHをとおして、日本の大学の現状を知ってもらえるように、教育、研究、社会貢献などさまざまな項目を設定した。日本の大学の良い点、課題とされる点をいくつか問題提起した。大学の将来を考えてほしい。

さらに、早慶MARCHが日本の社会をどのように作ってきたかを考察した。大学教育によるさまざまな分野での人材輩出、大学の最先端研究によって政治経済、文化の発展を見ることができる。いささか大仰な言い方になるが、早慶MARCHが日本の社会で果たしてきた役割について考えてみたい。いわば、早慶MARCH論である。それでは、早慶MARCHのワンダーランドをご案内しよう。

早慶MARCH大激変

「大学序列」の最前線

目次

第4章 早慶MARCH学生気質
——生活、勉強、大学観、恋愛など 105

第6章　早慶MARCHの女性教員は活躍する　171

第8章 早慶MARCH、研究最前線の学者、スター教授たち

図表作成／谷口正孝

第1章　早慶MARCHは発言する
——ロシアのウクライナ侵攻、世界平和統一家庭連合（旧統一教会）

2022年、大学が社会に向けて発信したテーマがあった。

ロシアのウクライナ侵攻と世界平和統一家庭連合である。大学が政治、社会問題について見解を示すケースは最近、あまりなかった。だが、今回は違った。驚くほど明快に語っている。

早慶MARCHも積極的に発信した。以下に紹介しよう。

ロシアのウクライナ侵攻に対する反対声明

ロシアのウクライナ侵攻について、早慶MARCHのトップは大学を代表して声明を出している（以下、引用はすべて大学ウェブサイト）。

早稲田大総長の田中愛治《あいじ》さんはこう発信した。

「早稲田大学は、人権の侵害に強く抗議をし、武力によらない対話による一日も早い平和的な解決を強く望みます。また早稲田大学は特定の人種や出身地域、国籍等に基づくヘイトスピーチといった行動に対して強く反対します。ウクライナから、もしくはロシアからの留学生であるかを問わず、早稲田大学で学ぶ者は、皆が熟議による平和的解決と戦闘の終結を望んでいると、信じています。早稲田大学総長　田中愛治」（2022年3月4日）

大学創立者、大隈重信《おおくましげのぶ》は「一身一家、一国の為のみならず、進んで世界に貢献する抱負がなくてはならぬ」ということばを残している。田中愛治さんはメディアの取材に応じ、「早稲田で学んだ者は、誰一人、人としてならないこと、人の道に外れることはしないように」と語っていた。

慶應義塾大トップで塾長の伊藤公平《こうへい》さんはこう記している。

「今回の軍事侵攻は、これからの世界を生きる若者にとって、すなわち、慶應義塾の塾生にとっても最も憂慮すべき事態と言えます。武力行使の始まりは、結局はいつも同じなのですが、交渉や説得に基づく外交の敗北を意味します。「ペンは剣よりも強し（Calamvs Gladio Fortior）」を掲げる慶應義塾にとって極めて残念なことです」（2022年3月4日）

慶應義塾創立者、福澤諭吉は「凡《およ》そ世に学問といい工業といい政治といい法律というも、皆人間交際のためにするものにて、人間の交際あらざれば何《いず》れも不用のものたるべし。…交際愈々《いよいよ》広ければ人情愈々和らぎ、…戦争を起こすこと軽率ならず」（『学問のす、め』九編）と記している。

伊藤さんはこれを引いて、学問と人間交際を駆使した外交によって戦争を回避し、平和に発展する社会づくりを目指すのが慶應義塾の使命と訴えている。

大隈重信、福澤諭吉といった大学設立者の考え方、思いは、そのまま建学の精神につながり、戦争反対の意志をはっきり示した。

明治大学長の大六野《だいろくの》耕作さんは大学の思想を全面に打ち出してこう主張している。

「「権利自由」「独立自治」を建学の理念とする本学は、ウクライナ国民の権利自由を無視し、ウクライナの独立自治を力でねじ伏せようとするロシア政府の今回の侵攻を到底許容することができません。ロシア政府には直《ただ》ちに戦闘を停止し、交渉を通じて平和的な解決を図るよう強く要望します。また、ロシアの軍事侵攻に反対するウクライナ国民、ロシア国民、さらには世界の人々との連帯を表明します。明治大学学長　大六野耕作」（2022年3月2日）

明治大にすれば建学の精神に反した行動である。「権利自由」「独立自治」の意味がこの戦争を通して、学生に伝わることを大六野さんは望んでいるはずだ。はたして大学の思いは学生に伝わっただろうか。

青山学院大学長は、青山学院理事長、院長、高等部部長など7人と連名で声明を出している。建学の精神から強いメッセージとなった。

「「地の塩、世の光」をスクール・モットーとし、すべての人と社会とに対する責任を進んで果たす人間の形成を目的とする青山学院は、すべての人々の尊厳が守られることを希求します。そしてそれを破壊する暴力や抑圧に反対します。ロシア軍は即刻、攻撃を停止し、ウクライナから退去しなければなりません。青山学院は、ウクライナの人々を支援します。戦争に反対し平和を求めるロシアの人々を支援します。支援活動を開始し、ウクライナの平和を祈り続けます。ウクライナの平和を願う声、祈りの声を共にあげるなら、それは勇気と連帯を生み、確かな力となり私たちを動かし大きな変革を起こすと信じます」（22年3月4日）

キリスト教の教えから、人間の尊厳を破壊する暴力や抑圧は許されない、という立場を明確にした。戦争によって「兵士であれ民間人であれ、敵であれ味方であれ、殺されてはならないかけがえのない命」が奪われていく。そして、「暴力や武力によって生まれるのは、深い悲しみと憎しみ、嫌悪と敵意」でしかないことを大学は憂慮した。

青山学院大のアイデンティティーとなる「地の塩、世の光」について、大学はこう説明する。

「〈地の塩〉塩は味をつけ、腐れを防ぎ、清める役割を果たします。人体にはおよそ0・5%の塩分が必要であり、1日7・5～9グラム摂取しなければ人は生きられないと言われています。隠し味的に、目立たぬ行いで人のため社会のため、意味を与え腐敗を防ぎ、汚れを清めていく人材を学院は輩出していきます。
〈世の光〉誘導燈・燈台の灯《ともしび》のように導き、明るさと暖かさを与えるのが光です。さらに殺菌し、滋養を与えるのも光です。その如く、目立つ行いで希望の光として励ましと力、エネルギーを周囲に発していくことを本学院はつとめとします。
「地」も「世」も大地や世界という意味よりも「神なき現実」「人間の尊厳を失わしめるような状況」の代名詞です。そうした中で私たちは、神の恵みにより「塩」であり「光」とされているのですから、青山学院に集う者はオンリー・ワンとしての存在感を発揮していくのです」（青山学院大ウェブサイト）

戦争という「人間の尊厳を失わしめるような状況」をなくすための人材を育てる。このような思いから、ロシアが引き起こした戦争に反対する立場をとっている。

立教大は、2021年春に、「立教大学ヒューマン・ディグニティ宣言」を公表した。この中にこう記されている。

「「尊厳」を英語では「ディグニティ」（dignity）と言いますが、その語源はラテン語の「デイニ《ママ》タース」（dignitas）であり、本来の意味は「その存在に価値があること」です。神によって創造されたすべての〈いのちあるもの〉の存在には価値があり、それは決して損なわれてはならない。これこそが、立教大学が創立以来、規範としてきたキリスト教の中心的教理にほかなりません」

ロシアが引き起こした戦争は、「いのちあるもの」をないがしろにするものだった。総長の西原廉太さんは声明を発表し、こう記している。

「戦争や武力の行使というのは、人間の究極の尊厳を蹂躙《じゅうりん》する最大の暴力です。私たちは、ただちにあらゆる戦闘行為が中止され、一日も早くウクライナの人々の安全と、平和な社会が回復されること《ママ》祈り、願い、求めます。立教大学総長　西原廉太」（2022年3月2日）

西原さんは声明のなかでウクライナの民話をもとにした『てぶくろ』という絵本の物語を紹介している。その内容は、おじいさんと子犬が森を歩いていたとき、おじいさんは片方の手袋を落としてしまう。すると、ねずみがその手袋にもぐり込んで暮らすことになった。次にかえるが「わたしも入れて」と言い出し、ねずみは招きいれた。その後、うさぎ、きつね、いのしし、おおかみ、最後にはくままで入り込んで、小さな手袋がはじけそうになりながらも、みなが少しずつ場所を空け譲り合い、温かさの中で過ごしていく。

『てぶくろ』は、誰も排除されることなく、居場所が与えられながら、共に生きる、というウクライナの人々が理想とする社会が描かれている——西原さんはそう考えた。そんな社会とは真逆の事態が、ウクライナで進行している。だからこそ、西原さんは声明で命の尊さを訴えたわけだ。

中央大は理事長と学長で、学びは人類の福祉、平和と人権の基礎であり、それを守ることが高等教育研究機関の重大な責務とした上で、次のような声明文を発表している。

「中央大学は、その使命の一つを「人類の福祉に貢献すること」であると学則に定め、また中央大学ダイバーシティ宣言においても「すべての人びとに学びの機会が平等に開かれることの重要性を認識」していることを表明して、世界中の国や地域から、多くの学生・研究者・教員を受け入れています。中央大学は、この惨禍の一日も早い終息を祈望しつつ、ウクライナやロシアからの学生・研究者・教員の皆さんが安心して教育研究を継続できるよう全力で努力するとともに、キャンパスの内外を問わず、ロシアをはじめとする出身地に基づく全ての差別やヘイトに反対することを表明いたします。理事長　大村雅彦　学長　河合久」（22年3月17日）

法政大総長の廣瀬《ひろせ》克哉《かつや》さんは、ウクライナからの留学生を受け入れた際、次のように発言している。
「ウクライナは非常に深刻な危機的状況にあり、多くの学生が学びを続けることが困難な状況にあることを私たちは理解しています。若者の学びは、自身のためだけでなく、社会全体の未来のためでもあり、次世代を育てることは国力の再生そのものでもあるからです。それを支援するためにも何かできないかと考え、法政大学でウクライナの学生を受け入れることにしました。どんな戦争にも終わりがあり、戦争が終わった後は、国の再建という仕事が必要であり、そのために将来に備えて学ぶことが必要です。皆さんが法政大学で勉強に専念することが、ウクライナへの最大の貢献となると考えます」(22年10月13日)

戦後、朝鮮戦争、数度の中東戦争、ベトナム戦争、湾岸戦争、イラク戦争などが起こったが、日本の大学が戦争反対を唱えた話はほとんど聞かない。インターネットという発信ツールが普及したことは大きい。

早慶MARCHトップの意志表示はすこし温度差が見られる。

早稲田大は「強く抗議」、明治大は「到底許容できない」とロシア批判色が強い。慶應義塾大は「憂慮すべき」とややトーンダウンしている。立教大は「戦闘行為の中止」、青山学院大は「攻撃の停止」を求めるが、ロシアへの批判色は弱い。中央大は「惨禍の一日も早い終息」を祈り、法政大は「非常に深刻な危機的状況」という認識を示し、ロシアへの要望は特にない。

主語は大学トップの「わたし」でなく、「大学」となっている。大学の総意として意志を伝えたわけだ。しかし、そこには学長や総長の思想、性格が反映されることがある。もし、法政大で前総長の田中優子さんが現職だったら、強い言葉でロシアを非難しただろう、と想像を膨らませることができる。これは、ときの大学トップによって、大学の総意が形づくられることを意味する。もし早慶MARCHのなかに、学問的にロシア支持を主張しウクライナ侵攻を正当化する考えを持つ大学トップがいたらどうだったか。無言を貫いたであろう。

早慶MARCHの大学教員も盛んに発言した。

早稲田大学文学部教授の三浦清美《きよはる》さんはロシアを厳しく批判する。

「『常に大国であらねばならない』とするプーチン氏の〝賭け〟の結果がどう出るか、現時点では読めない。ただ、どのような歴史的なコンテクスト（背景）があったとしても、隣国への暴挙が正当化できないことだけは間違いない」（「読売新聞オンライン」2022年3月1日）

法政大学キャリアデザイン学部教授の坂本旬《じゅん》さんは戦争の見方を次のように説いた。

「ロシアの情報もバランスよく取ろうとしている人もいるかもしれないが、それが狙いだ。BBCなどの欧米メディアは全く逆のことを言っている。ロシア側は「情報は見方によって変わる。ロシアも正しいことを言っているかもしれない」と思わせたいのだ。そもそも「緻密《ちみつ》にファクトチェックされた情報」と、「うそや不確かな情報」を比べても、バランスを取ることにはなりえない。その時点でだまされていると言っていい。

ウクライナ側も同じだ。例えば、ロシア軍を阻止するためにあるウクライナ兵が自爆して橋を壊した、というニュースが日本語でも流れた。だが情報の出どころはウクライナ軍。軍隊が自らを美化するような情報を出したら「これは危ないかも」と思うべきだ」（「朝日新聞デジタル」2022年3月16日）

戦争のさなか、市民がスマホで撮影して世界中に惨禍を発信、訴えている。それを信頼できるメディアがチェックしたうえでの報道を見逃してはいけない。そして、戦争反対のデモの様子をシェアすることは大きなムーブメントにつながる。プロパガンダに加担しないためには、感情を揺さぶられたものほど、踏みとどまることが重要だ、と坂本さんは注意を促す。

世界平和統一家庭連合（旧統一教会）を厳しく批判

2022年、世界平和統一家庭連合（以下、旧統一教会）のあり方が大きな社会問題となった。1960年代から今日まで、旧統一教会信者がキャンパスに入り込んでキリスト教をうたい聖書を持ち出し、言葉たくみに大学生を勧誘し、霊感商法に加担させるケースが見られた。彼らは「○○大学原理研究会」と名乗った。

早慶MARCHにおいて青山学院大、早稲田大では原理研の活動は盛んだった。なかでも青山学院大学は原理研が幅を利かせていた時代があった。いわゆる霊感商法に巻き込まれる学生もいた。

いまでも、ほとんどの大学では学生に生活指導などで「特定の宗教団体による勧誘活動」に注意を促している。しかし、旧統一教会を名指しで批判し、学生に注意することは控えられていた。旧統一教会からの反撃がこわかったからだろう。名誉毀損で訴えられる、いやがらせを受けるのではと恐れたからだ。関わり合いたくない、が正直なところだろう。

しかし、青山学院大、立教大は違った。

青山学院大は旧統一教会を名指しで取り上げ、「危険な宗教集団（カルト集団）」が「通常の市民生活を破壊したり、様々な社会問題を引き起こす」と強く非難し、こう説いている。
「例えば、「統一協会《ママ》（原理運動）」や「摂理」などと呼ばれるものにはその傾向が強く、本学内でも勧誘活動をしているという疑念が報告されています。これらの団体は、自分たちの正体を隠したまま、スポーツサークル、劇団、コーラスグループなどを装って勧誘し、気づかれないうちに学生が取り込まれていってしまうことがあります」（原文は「統一協会」。そのまま引用）

　青山学院大はプロテスタントでアメリカ、メソジスト監督教会系として、キリスト教を名乗る「カルト集団」を許せないようだ。怒りを込めて訴える。
「カルト集団はマインド・コントロールを組織的かつ巧妙に駆使して、学生としての貴重な時間を奪い、経済的・肉体的に大きな負担をかけ、大切な学生生活を台無しにしてしまいます。これらのカルト集団は、真の人格形成を大切にする本学の建学の精神である福音的・聖書的キリスト信仰とは全くの別ものです」

　立教大も強気な姿勢だった。

　２０２２年９月、キリスト教大学としての信仰の支柱となる「立教学院チャプレン団」（立教学院の聖職者の集まり）は、緊急メッセージを発表し旧統一教会を厳しく批判した。

旧統一教会は「聖書を独自に解釈し、伝統的なキリスト教が保持する、キリストによる十字架による贖《あがな》い、復活という救いの完成を否定し、文師こそがすべての啓示を完成する真のメシア、最後の救い主であると主張しています」と、その実態を説き明かす。そして、立教大チャプレン団が旧統一教会と信仰的にも組織的にも全く関係がない、「宣教協働」の対象でもあり得ないことを伝えた。

旧統一教会によって、家庭を破壊された人々が今も苦しんでいることに注視しており、立教大の学生、教職員がかけがえのない人生を奪われることがないように、新たな被害者とならないように、呼びかけている。

メッセージでは旧統一教会への警戒を訴えている。口調は厳しい。

「統一協会《ママ》は、現代社会の歪み、人びとの間での分断や懐疑などにより、目的を失い、生きがいを見つけられず、人生に不満を持ち、孤独で悩む人びとに、自らが統一協会であることを明らかにせずに、接近し、働き掛けて来ると考えられています。またボランティア活動や環境、社会問題に関心が高い学生ほどターゲットにされやすいとも指摘されています。少しでも「怪しい」と思ったら、速やかにチャプレンたちにご相談ください」（2022年8月31日）（原文は「統一協会」。そのまま引用）

青山学院大、立教大は腹をくくったというべきか。ミッションスクールとしての矜持《きょうじ》がうかがえる。それは高校や保護者からの信頼につながっていくだろう。安心して生徒を学ばせることができる。

法政大は旧統一教会の名前こそあげていないが、旧統一教会と思しき団体を「サークルを装うカルト宗教」と位置付け、教団の勧誘の手口を紹介しながら、「甘い言葉」には、くれぐれも注意すべきだと警鐘を鳴らしている。

「普通の学生サークルを装うカルト宗教団体。ボランティアや国際交流のサークルを名乗って、電話番号を聞かれたり、アンケートに個人情報を記入させたりと、巧妙に加入を迫ってきます。本学でも、キリスト教系と称するカルト宗教に入ってしまい、脱会したときには学業を続けられない精神状態に陥っており、退学せざるを得なかったという例が報告されています」

キャンパスでにこやかに誘われてついていくと、楽しそうなコンサートを開いたり公園の清掃をしたり、みんないい人ばかりだった。そしてセミナーに参加する。次は1泊の合宿が、その次は1週間の合宿、いつのまにか「マインド・コントロールにかけられて、気づいたら抜け出せなくなっていた……」という実態を示している。

具体的なケースをこう紹介した。

「近くの公園でゴミ拾いをしているインカレのボランティアサークルです。」と声をかけられ、参加したら次はセミナー参加に誘われた、という声が2～3年前までは多数大学に寄せられていました。最近では「ゴスペルコンサート」や「スポーツ系インカレサークル（バレーボール、フットサルなど）」、「料理教室」や「食事会」などに誘う例が増えています。昼休みにラウンジなどで食事をしている時、キャンパス内の掲示板を確認している時や外濠校舎の学生ラウンジで授業の準備をしている時など、一人でいる時に声をかけてくるのが彼らの手口です。無届けの教室でゴスペルコンサートを企画し、誘ってくるという例もありました」

法政大としては学生を守る、という考え方が表れている。大学としての責任と認識しているからだ。これは信頼していい。

旧統一教会関連の学生サークルは「カープ」「CARP」と名乗っている。これは「The Collegiate Association for the Research of Principles」＝全国大学連合原理研究会の略称だ。

早慶MARCHにおいてSNSなど（ブログ、ツイッター、フェイスブック、インスタグラムなど）で発信している「カープ」「ＣＡＲＰ」は次のとおり。早稲田大学カープ（早稲田大、ワセカープともいう）、慶應ＣＡＲＰ（慶應義塾大）、飯田橋カープ（法政大、東京理科大と連合）、明治カープ（明治大）、渋谷カープ（青山学院大）、中大カープ（中央大）。

明治カープのツイッターでは自らをこう説明する。

「現代社会で起こっている様々な諸問題を明大生を中心に学生の立場として何が出来るのかをディスカッションしながら、解決策を考えています！（通称ＳＰＩＣ）明大生募集中です🙏また、新入生で大学のことで何か困っていることがあれば気軽に聞いてください！」

大学は学生の安全と安心を守り、自由と権利を保障するために、旧統一教会とたたかって、キャンパスから追い出してほしい。マインド・コントロールにあった学生を救ってほしい。

大学教員のなかには、これまで講演、投稿、インタビューなどで旧統一教会に協力した者もいる。どうか関わらないでほしい。

大学のこうした発信、発言は建学の精神に基づいている。建学の精神とは、わが大学は何を考えているのか、そもそもなぜ存在するのかなど、大学のアイデンティティーが試される柱となる。受験生にすれば「この大学ならば信頼できる」というメッセージ、スローガンといえよう。

第2章　2020年代、早慶MARCHはこんなに変わった

大学は4、5年でそう大きく変わるものではない、と言われる。新しい教育制度に変わっても、学部やキャンパスが新しくなっても、その成果は完成年度、つまり新入生が卒業するまでの4年（医学部などは6年）という年月を待たなければ、あるいはそれ以降にならないと、成果が示されないからだ。

しかし、新しくなった制度、体制、教育内容に対する評価はできる。

早慶MARCHはブランド力がある大学といっていい。しかし、いつまでも安穏としてはいられない。なにも変わらず旧態依然とした体質が続けばどんな大学でも地盤沈下し、受験生からそっぽを向かれてしまう。早慶MARCHも例外ではない。18歳人口減少が進むなか、選ばれる大学にならなければならない——7大学はそんな危機感を共有している。

いま、早慶MARCHはさまざまなテーマに取り組んでいる。最新情報を紹介しよう。

早稲田大——人気が復活、医学部構想

2021年、早稲田大の一般選抜入試志願者数は9万1659人だった。

これは大学入試をよく知る関係者には衝撃的なできごとである。早稲田が10万人を割ってしまうのは1972年以来だからだ。2022年には9万3843人と盛り返したが、

大台には届かなかった。

志願者減少を象徴する学部がある。「早稲田の政経」だ。

毎年、早稲田大の総合パンフレットのトップには政経学部が紹介されている。開学当初からスタートした看板という自負があるからだろう。私立大学文系学部では難易度がもっとも高い。長年、受験生からすればあこがれの存在である「早稲田の政経」の志願者数が、2020年代に入って千人単位で減っている。2020年7811人、21年5669人、22年4872人といった具合だ。おだやかではない。

半世紀近く10万人以上集めた早稲田、そして看板学部に何が起こったのか。人気がなくなったのだろうか。いや、そんなことはない。事情をよく知る者にすれば、まったく逆の見方がなされている。

早稲田大政経学部が志願者数を減らしたのは、2021年から同学部で受験科目に「数学Ⅰ・A」を必須としたからに尽きる。英国社の3教科型私立文系志望の受験生がどっと離れた。政経学部では、数学を課したことについて、経済学は計量経済やゲーム理論など、政治学でも統計学で数学の知識が必要になるから、という旨を説明している。数学必須で志願者が減ったが、ブランド力は健在だった。いや、復活したといったほうがいい。

大手予備校によれば、早稲田大と慶應義塾大の両方に合格したとき、2000年代、2010年代はほとんどの学部で慶應義塾大を選ぶ受験生が多かった。ところが、2020年代に入って変わった。東進ハイスクールの調査によれば、慶應・法、早稲田・政経にダブル合格した受験生の進学先について、2018年は慶應・法が71・4%だった。しかし、2021年になると早稲田・政経71・4%となり正反対になっている。

早稲田人気にはさまざまな要因が考えられる。予備校関係者は、2021年からの数学必須で私大文系型志望者層のかわりに国立大学志望者が受けやすくなり、東京大、一橋大との併願者が増えた。こうした層は金融や商社を多く輩出する慶應より、国家公務員、コンサルタント、金融にも強い早稲田を選んだ、という見方を示す。2022年、政経学部のおもな進路は三菱UFJ銀行14人、PwCコンサルティング14人、アクセンチュア8人、三菱商事6人、国家公務員総合職5人などとなっている。

また、教育改革への評価も早稲田には追い風となったようだ。早稲田は日本語と英語で科目を提供する「ハイブリッド型教育」の導入、留学プログラムの充実など、グローバル化に力を入れていることが、受験生からの高い評価につながっている。慶應のほうが教育改革は早くから取り組んでいたが、最近ではやや新鮮味に欠けると思われているようだ。

早稲田大では他学部も元気を回復しており、ダブル合格組にみる慶應との入学「競争」では、商学部は逆転し、文学部では肉迫している。法学部は8割以上が慶應に進んでいるが、少しずつ挽回している（「AERA」2021年12月13日号）

2022年9月、早稲田大総長に田中愛治さんが再選した。初めて総長選に立候補した2018年、「将来計画書」を発表し、大胆なヴィジョンを打ち出した。

「『世界で輝くWASEDA』を実現するためには、生命医科学の研究・教育を抜本的に拡充する必要があります。新たに医学部を本学が増設することは全国医学部長病院長会議の承認が必要なため、ほぼ不可能と言われています。したがって、実行可能性を見極めつつも、単科医科大学を吸収合併する戦略に絞って考えていく必要があります」

早稲田大医学部の構想はまだ見えてこない。これまで日本医科大、東京女子医科大など見合い相手が取り沙汰された。最近では聖マリアンナ医科大の名前も挙がっている。だが、話は進まない。論文数、研究費がものを言う世界ランキングで慶應に勝つためには医学部が必要となる。大学創立者、大隈重信の存命時代から医学部設置は長年の夢である。2020年代中にその兆しが見えるか。東京医科歯科大と東京工業大が統合し、東京科学大の誕生は、国から年間数百億円単位の支援を受けられる「国際卓越研究大学」の認定をめざす、という双方の利害の一致によってとんとん拍子に進んだ。早稲田大も資金がほしい。「東京医科歯科工業大」が、早稲田大医学部設置に向けた追い風になるかもしれない。

慶應義塾大――拡大路線はどこまで続くか

世界の大学ランキングにおいて、早慶MARCHのなかでは慶應義塾大がトップを続けている。とはいっても順位は低い。2019年から2021年まで、いずれも601位〜800位だった（早稲田大は2021年に、立教大は2020年から801位〜1000位。ほかは1000位以下。「Times Higher Education」各年版）。しかし、慶應義塾大は前述の「国際卓越研究大学」を狙える要素は兼ね備えている。医、看護医療、薬の3学部がそろい、さらに歯学部まで加わろうとしているからだ。

2023年、慶應義塾大が東京歯科大学と法人合併することが、2020年に双方の大学から発表された。これで、医師、看護師、薬剤師そして歯科医師を養成する医療系総合大学の顔を持てば、研究機関として論文生産、研究費獲得を期待できる。

ところが、予定どおりにはいかない。合併は延期となり、慶應義塾大歯学部はしばらくお預けとなった。その理由について、両校はこう説明する。

「今般の新型コロナウイルスは、これまでの想定を遥かに超えた未曾有ともいえる危機的状況を社会にもたらし、教育・研究・医療を取り巻く環境は大きな変化を余儀なくされ、今後の状況も不透明で不確実なものとなっています。こうした現況下にあって、慶應義塾と東京歯科大学は、当初協議開始の時点で目途としていたスケジュールを見直し、特に目途を設けずに協議を継続することといたしました」（慶應義塾のウェブサイト）

合併交渉の舞台裏でいくつかの障害が発生したことは想像できる。大学は「統合等により双方に不利益が生じないよう、特に学生が最大の受益者であるように、十分に考慮を重ね」るとしているが、こんなに悠長なことを言っていられなくなった。慶應義塾大関係者によれば、東京科学大誕生の衝撃が大きかったようで、慶應義塾大歯学部誕生に向けて交渉を急ぐとみられている。

医療系分野で早慶ＭＡＲＣＨのなかで絶対的な存在感を示すが、前述のように２０２０年代に入ってから、文系学部は早稲田大に人気面で逆転されている。しかし、慶應義塾大のブランド力は揺らぐことはない。就職実績は抜群だ。２０２２年の慶應義塾大が就職先1位となっている金融、商社には、みずほフィナンシャルグループ51人、三菱ＵＦＪ銀行69人、日本郵政28人、伊藤忠商事19人、三菱商事25人などが並ぶ（大学通信調べ）。

2020年代に入って、早稲田大とのダブル合格「対決」で慶應義塾大はやや劣勢に立たされているなか、法学部は強い。8割近くは早稲田よりも慶應の法を選んでいる。法科大学院の司法試験合格率の高さが評価された結果といえる。2018年から2022年をみると、慶應義塾大は39・20%↓50・67%↓49・80%↓55・07%↓57・45%となっている。早稲田大は36・54%↓42・06%↓36・06%↓49・78%↓44・82%だった。法科大学院制度がスタートしてから慶應は早稲田に負けていない。そして、私立大学で合格率が半分を超えたことがあるのも慶應だけである。慶應義塾大法科大学院には他大学出身者もいるが、慶應の法学部からの進学者が優れていると評判が高い。

慶應義塾大法科大学院は2021年の試験結果について自画自賛する。「とりわけ既修者は、合格者数107名、合格率59・8%と、高い水準を維持しています。ここ数年来の司法試験の合格者数が1500名を割った中、この成果は、慶應義塾大学LSの修了生諸君と教職員とが2007年度に改めて定められた厳格過ぎるとさえいわれる学習指導方針の下で弛《たゆ》まぬ精進を重ねてきたことの証です」(慶應義塾大法科大学院ウェブサイト)

明治大——発信拠点「和泉ラーニングスクエア」誕生

2022年、明治大和泉《いずみ》キャンパス（東京都杉並区）に「和泉ラーニングスクエア」という教育棟が誕生した。ラーニングサポートベース、グループボックス、カイダン教室、プレゼンテーションラウンジ、グリーンテラス、ラーニングコモンズという施設は、学生が主体的に学べる空間となっている。

ラーニングサポートベースでは気軽に学習支援やアドバイスを受けられる。論文の書き方から学問への向き合い方などだ。グループボックスは学生同士が協働する場となっている。カイダン教室では机や椅子も取りはらわれた階段状の舞台となり自由な対話を可能にする授業が行われる。

プレゼンテーションラウンジはスペースが広くとってありカウンターやベンチが並ぶなか、偶発的に集まり、出会いの場を作る。グリーンテラスは緑豊かな心地よい憩いのスペースでリラックスした雰囲気で新しい出会いが生まれる。ラーニングコモンズはリビングのようにリラックスできるオープンなスペースとなっている。

出会いと交流の場がふんだんに設けられているといっていい。

大学スポーツ新聞の記者はこう期待を寄せている。

「従来の大教室よりも共用スペースを重視し、学生が気軽に使える場を確保。異なる価値観を持つ人同士が集まり、いままでになかったアイデアを生み出す」

同紙には大学施設課職員の談話がこう紹介されている。

「想定していない使い方をされた方がうれしい」(いずれも「明大スポーツ」2022年8月1日)

コロナ禍で学生がキャンパスから遠のいてしまい、友人、教員とのやりとりはオンラインが中心になりがちな昨今、こうしたリアルで交流できる場は大切である。そして、気候、ジェンダー、貧困、戦争など政治問題を語り合ってほしい。

ところがむかしの学生運動の暴力沙汰を繰り返したくないからだろうか。大学は学生が政治を語るときナーバスになる。「明治大敷地内における注意事項」として次のような項目が掲げられていた。

「本学の敷地内では、本学の許可なく以下の行為をすることを禁止します。
1　集団示威行動、集会及び行事の開催、座込み等による敷地の占拠、宿泊、演説、営業、取材、署名集め、アンケート、勧誘、撮影、募金活動、物品販売、宗教活動、ビラ・チラシ配布
2　看板、ポスター、ビラ、物品等の掲示・配布（3以下は略)」

しかしたとえば、和泉ラーニングスクエアでロシアによるウクライナ軍事侵攻に反対するビラを撒《ま》き、どうしたら戦争をやめさせるかを話し合う。それぐらいは許可なく行ってもいいだろう。「想定していない使い方」を歓迎してほしい。

前述したように2022年2月、ロシアがウクライナに軍事侵攻したとき、明治大学長の大六野耕作さんはロシアを「到底許容することができません」と批判し、ウクライナへの連帯を意志表示した（26ページ）。

実際、明治大はウクライナ支援を打ち出した。

2011年、「UNHCR難民高等教育プログラム（RHEP：Refugee Higher Education Program）」のパートナー校となり、日本に住む、日本国籍を持たない難民を毎年受け入れてきた。そこで、今回、ウクライナへの人道的な支援として、軍事侵攻を逃れて日本で学ぶ学生に学びの場を提供することになった。支援内容は、学修機会の提供（日本語教育含む）、日本への渡航費、学費などの免除、大学所有宿舎の提供、生活費の支給となっている。

2022年9月、ウクライナから7人の学生が来日し、大学での学びを始めた。

一方、明治大はロシア側の言い分も聞く機会を設けた。

6月、国際日本学部は駐日ウクライナ大使、駐日ロシア大使を招いたオンライン講演会を開催している。「国際日本学実践科目A」の授業の1つとして行われた。中野キャンパスの教室の約200人、Zoom参加者約470人が受講している。内容は、①2月24日の侵攻について、②現在に至るまでの経緯、③問題の解決に向けて、④大学生に伝えたいことの4点である。

明治大はロシアと縁がある。ロシアの前身、ソビエト連邦の元大統領、ミハイル・ゴルバチョフが明治大名誉博士である。これはゴルバチョフ元大統領が核軍縮推進、東西冷戦構造終結に貢献したことを顕彰し、2009年に名誉博士学位を贈ったものである。

2022年8月、ゴルバチョフ元大統領死去の際、哀悼の意を表した。

「同氏の国際社会の平和構築に向けた幾多のご功績が、今もなお、紛争が多発する地域へも伝わり、全世界において、人が人間らしく生きることのできる「真の国際平和」が訪れますことを切に願っております」(2022年8月31日)

大学は国際政治にどんどん口をはさんでほしい。その発信拠点として「和泉ラーニングスクエア」が活用されることを望む。

青山学院大――キャンパス移転、学部新設でイメージアップ

近年、青山学院大に対するイメージが良くなっている。

リクルート総研は毎年、高校生に大学のイメージを聞いている（「進学ブランド力調査」）。教育内容、学力、校風、雰囲気など細かな項目に分かれており、「学生の学力が高い」は東京大、「教育方針・カリキュラムが魅力的である」では早稲田大が1位となることが多い。老舗の底力感は否めない。

最新の調査によれば、青山学院大はなるほどと思わせる項目で1位となった。「自由な」「明るい」「活気がある感じがする」「おしゃれな」「遊びにいくのに便利な立地である」。また、次の項目では早稲田大に次いで2位となっている。「学生生活が楽しめる」「キャンパスがきれいである」（2022年。回答者は関東在住の高校生）

こうしたイメージが受験生に浸透しつつあるのか、ミッション系のライバル、立教大とのダブル合格で青山学院大を選ぶ人が増えている。大学全体で2018年は39％だったが、2021年には64％とひっくり返ってしまった。学部別では文学部71％、経済学部64％となっている。立教大に「落ち度」があったわけではない。青山学院大に好条件が重なったことによる。2013年に文系7学部（法、経済、経営、国際政治経済、文、教育人間科学、総合文化政策）が相模原《さがみはら》から渋谷に戻って10年経った。それがすっかり定着し、茨城、埼玉、千葉の受験生をより多く集めた。そして、箱根駅伝で常勝チームとなり知名度が高まったこともある。

青山学院大はおしゃれな女子学生が多いと思われがちである。ときおり、モデル、ミュージシャン、俳優、そしてSNSで影響力を与えるインフルエンサー、ユーチューバーなどが注目される。しかも渋谷というロケーションである。法政大、明治大に比べて、「ちゃらちゃらしている」というイメージを抱かれてしまう。

しかし、そうした軽薄な印象とは異なり、青山学院大はさまざまな学部改革を行ってきた。2000年代後半から総合文化政策、社会情報、教育人間科学、地球社会共生、コミュニティ人間科学といった新しい学部を作り、時代を敏感に受け止めた教育を行ってきた。それが支持された要因でもあろう。

立教大――スポーツ強豪校として復権をねらう

立教大にとっては55年ぶりの快挙だった。2023年、箱根駅伝出場である。

ミッションスクールであり女子学生が半数近くにものぼる大学が、こんなにスポーツが強かったのか、と思われるだろう。早稲田、法政、明治のようにどの競技も強豪というわけではない。だが、決して弱くはない。いくつかの競技は上位リーグで好成績を残している。高校時代、甲子園（野球）、花園（ラグビー）など全国大会に出場したアスリートが活躍しているからだ。

2022年のプロ野球ドラフト会議では楽天が1位に荘司《しょうじ》康誠《こうせい》さんを指名した。もう1人指名されなかったことがニュースになる選手がいた。大阪桐蔭《とういん》高校で春夏連覇を果たした山田健太さんだ。2018年にドラフト1位の中日の根尾《ねお》昂《あきら》さん、ロッテの藤原さんと同期である。立教大がこれほどの逸材を受け入れることができたのは、「アスリート選抜入試」というスポーツ推薦制度のおかげである。2023年には、22年の高校野球で春のセンバツ大会で優勝した大阪桐蔭（大阪）の4番打者、夏の全国大会優勝の仙台育英（宮城）の先発投手が入学する。

同入試の受験資格は、高校2年までの評定平均値3・5以上、そして、「全国高等学校総合体育大会、全国高等学校選手権大会、全国高等学校選抜大会、国民体育大会、およびこれらに相当する全国大会において、16位以上の成績を収めた者。団体競技の場合は、16位以上の成績を収めたチームで、正選手として出場した者」とある。

箱根駅伝出場を果たした要因の1つには、アスリート選抜入試において陸上競技長距離走で好成績を残した高校生が集まったことがあるといっていい。

そして、大学あげて箱根駅伝をバックアップしたことも大きい。同校は1934年に箱根駅伝に初出場。1968年までに27回出ているが、それから半世紀以上、箱根を走っていない。そこで、2018年、大学は「立教箱根駅伝2024」事業を立ちあげた。2024年の出場をめざし、監督には中央大、ヱスビー食品などで選手として活躍した上野裕一郎を迎え、駅伝チームの専用寮も作った。当時、立教大の郭洋春《かくやんちゅん》総長はこう期待を寄せていた。

「歴史と伝統ある本学が歴史と伝統ある箱根駅伝でタスキをつなぐことで、約2万人の学生と国内外に広がる約20万人の校友が一枚岩になることを体現できると信じています」（2019年談）

かつて立教大は大学あげてスポーツにたいそう力を入れていた。半世紀以上前、1950〜1960年代、野球、サッカー、バレーボール、バスケットボール、バドミントン、ハンドボールなどが大学日本一になっており、オリンピック代表に選ばれた学生、OBは少なくない。長嶋茂雄さんが活躍した時代だ。当時、「体育会推薦入学制度」があり、全国各地から優れた選手が集まったからである。

しかし、1960年代、学内で反対論が高まり、スポーツ推薦制度は1970年代前半に廃止される。それ以降、立教大は各競技で力を落としてしまう。それまで立教に入学していた高校生アスリートたちは早稲田大、法政大、明治大、中央大に流れていった。野球部も「六大学野球」で優勝経験はあるものの、多くのシーズンで東京大とともに下位に低迷していた。長嶋茂雄さんの長男、一茂さんの時代である。

1994年、多くの大学でAO、推薦などさまざまな入試制度が導入されるなか、立教大も自由選抜入試制度を作り、高校在学中、スポーツ・文学芸能などの諸活動で一芸に秀でた顕著な実績を残した生徒を受け入れるようになった。2008年に、前出のアスリート選抜入試がスタートする。

いま、ラグビー部が虎視《こし》眈々《たんたん》と上位を狙っている。早明には50点以上の差を付けられることは多く、その道は険しい。しかし、ゲームをしっかり作りボール支配率を確かなものにしている。主将2人は桐蔭学園と京都成章、副将は東海大大阪仰星と花園常連の強豪校出身なのでラグビーをよく知る。主将の1人は「勝つ文化」を根付かせると宣言し、こう話す。「今年度は「一歩」というスローガンのもと、「大学選手権出場」を目標に掲げました。ここ2シーズン、幹部はチーム目標を達成できておりません。今年は必ず目標を達成

すべく全員が犠牲を払い、日々精進して参ります」（大学ラグビー部ウェブサイト）
2023年4月、立教大はスポーツウエルネス学部を開設する。コミュニティ福祉学部スポーツウエルネス学科定員100人が学部昇格に伴いスポーツウエルネス学部、定員230人となる。倍増だ。将来、指導者、リハビリなど健康管理者、スポーツビジネス従事者をめざす高校生アスリートからすればスポーツ系学部は親しみやすい。早稲田大のアスリートたちのほとんどがスポーツ科学部学生であることを考えると、立教大は多くの競技で強豪校の仲間入りを果たすことになるかもしれない。スポーツ系学部は、早慶MARCHのうち、早稲田大、法政大、立教大に誕生した。明治大もかつて設置計画があったがキャンパスを確保できずに頓挫、青山学院大には学内から要望する声は聞こえてくるが具体化していない。慶應義塾大、中央大にはいまのところスポーツ系学部設置の気配はない。

中央大——法学部の都心回帰、新設学部

昨今、早慶MARCHのなかでもっともハデな動きを見せてくれたのが、中央大である。2023年から法学部を茗荷谷《みょうがだに》キャンパス（東京都文京区）に移転した。都心回帰である。その理由について大学はこう説明した。

「アクセスのよい立地と伝統大学としてのネットワークを活用し、法曹・企業・公務で活躍する実務家教員による授業の充実をこれまで以上に図ります。また、実務経験を行うインターンシップ等をとおして学びの機会をさらに拡充します」

「都心部に位置する理工学部（後楽園キャンパス）、国際情報学部（市ヶ谷田町キャンパス）との連携を強化し、文理融合による共同科目を開講予定。総合大学ならではの強みを生かしたシナジーを創出し、学問の新たな扉を開きます」

意地悪な見方をすれば、多摩キャンパスは「アクセスのよい立地」ではなかったと言いたげだ。1978年、文系学部が神田駿河台（東京都千代田区）から多摩に移転するまで、「中央の法」は大学受験の世界、法曹界で絶大なるブランド力を持っていた。司法試験合格者数では、1960年代、中央大はトップをひた走っており、1970年代になると東京大と競う「中東戦争」と言われた。おかげで、法曹界では中央大が一大勢力を築いている。たとえば、歴代の東京地検特捜部長の出身校は今日でも中央大が他大学を圧倒している。

ところが、多摩に移ってから「中央の法」人気に翳《かげ》りが見え始める。司法試験合格者数が1980年代以降、早稲田大、慶應義塾大に抜かれてしまい、法学部関係者は危機感を抱き、優秀な法曹志望者を集めるために都心回帰を強く望む。法科大学院制度がスタートしたとき、キャンパスを多摩ではなく、市ヶ谷に置いたのはその表れである。この法科大学院も2023年にお茶の水に移転する。先祖帰りだ。これで法学部から法科大学院まで地下鉄丸ノ内線を使えば3駅でつながった。両キャンパスまで徒歩込み20分以内で行き来できる。早稲田や慶應のように同じキャンパスが理想的だが、都心のど真ん中にそんなスペースはなかった。

都心回帰で「中央の法」ブランドはある程度、復活するだろう。法曹界にはOB・OGがたくさんおり、多摩に比べればいつでも教壇に立ってくれるのは心強い。優秀な法学部生が少し足を運べば法科大学院の授業を受けられるメリットもある。期待は高い。

もう1つ、中央大は大きな動きを見せた。2019年、国際経営学部と国際情報学部を設置したのである。中央大が学部を作ったのは1993年の総合政策学部以来である。早慶MARCHのなかで、もっとも長い間沈黙しており、受験生からすれば新鮮味が欠けていた。そこで、グローバル系学部で勝負に出た。

国際経営学部は1年次の必修科目「Global Studies I」で夏季休暇期間の3〜4週間の語学研修を行うが、残念ながら出鼻を挫かれてしまう。2020〜2022年度はコロナ禍によって海外留学はかなわず、海外教育機関から提供されるオンライン研修を受けることになった。

同学部は積極的に外部講師を呼び「ゲストスピーカー・イベント」を行っている。2021年以降、以下の省庁の官僚が講じている。

＊財務省関税局経済連携室課長補佐：「EPA（経済連携協定）・FTA（自由貿易協定）の交渉や運用、RCEP（地域的な包括的経済連携協定）について」

＊外務省経済局サービス貿易室室長：「経済外交の意義と国際的なルール作りについて」

＊公正取引委員会事務総局審査局専門官：「公正取引委員会との責務とビジネスの関係」

財務省官僚の講義について、学生からこんな感想が出ていた。

「食料など自分に身近なものであっても、貿易をする上でどのように関税が決められているのか、地域間においてどのように協定を結んでいるかなど自分に遠いようで近く、知っておくべき事についてお話を聞けました」

「原産地規則や関税に関することは様々な交渉などが関わっているため、漠然と大変な取り決めだと感じましたが、同時に達成感を得ることができる役割だと思い興味が湧きまし

た」（学部ウェブサイト）

国際情報学部（ｉＴＬ）は市ヶ谷田町キャンパスで学ぶ。学部長がこう宣言する。

「ＡＩが普及する近未来においては、多くの職業が人々から奪われるばかりか、人々がＡＩによって差別的な評価を下されてしまうおそれも指摘されています。そのような反ユートピア（dystopia）を回避して、Society 5.0が目指すような「人間中心」なより良い社会を構築する人材を養成することが、「ｉＴＬ」の目的なのです」（学部ウェブサイト）

差別的な社会を作らないための人材を育てる。そう願いたい。

法政大――SDGs、DX、環境問題への取り組み

社会がなにを求めているかを敏感に察知し、それに応える。大学がまっとうすべき役割の1つだ。いま、世界中で問われているテーマに、ＳＤＧｓ（Sustainable Development Goals　持続可能な開発目標）がある。２０１５年、国連サミットは「持続可能な開発のための２０３０アジェンダ」を採択し、２０３０年までに持続可能な世界を実現する目標として17のゴール（貧困、教育、人権、ジェンダーなど）、１６９のターゲット（これらを解決するための具体的な目標）を定めた。日本政府もＳＤＧｓは「地球上の「誰一人取り残さ

ない（leave no one behind）」ことを誓っています」とした上で「発展途上国のみならず、先進国自身が取り組むユニバーサル（普遍的）なものであり、日本としても積極的に取り組んでいます」（外務省ウェブサイト）と訴えている。

法政大は「法政大学SDGs＋（プラス）プロジェクト2030アジェンダ」を掲げ、「SDGsサティフィケートプログラム」を立ち上げた。SDGsを実現させるテーマを学べる科目として履修できる。学部ごとに以下の4つを紹介しよう。（ILAC＝市ヶ谷リベラルアーツセンターが設定する全学共通科目）

①貧困＝「現在1日1・25ドル未満で生活する人々と定義されている極度の貧困をあらゆる場所で終わらせる」

経済学部「経済人類学A」、国際文化学部「平和学」、現代福祉学部「国際協力論」、キャリアデザイン学部「就業機会とキャリア特講E」

②健康＝「世界の妊産婦の死亡率を出生10万人当たり70人未満に削減する」

経済学部「財政学A・B」、現代福祉学部「ヘルスプロモーション」「居住福祉論」、ILAC「福祉社会論B」

③教育＝「すべての子どもが男女の区別なく、適切かつ効果的な学習成果をもたらす、無

償かつ公正で質の高い初等教育及び中等教育を修了できるようにする」
経済学部「労働経済論A・B」、国際文化学部「国際文化協力」、人間環境学部「環境教育論」、現代福祉学部「教育学」
④不平等をなくす＝「各国の所得下位40％の所得成長率について、国内平均を上回る数値を漸進的に達成し、持続させる」
経営学部「経営社会学Ⅰ・Ⅱ」、国際文化学部「国際文化協力」、人間環境学部「国際法Ⅰ・Ⅱ」、ILAC「沖縄を考えるA・B」

また、SDGsを達成するための学生組織「SASH」（SDGs Action Students of HOSEI）があり、さまざまな取り組みを行っている。畜産業と環境をテーマにした高大連携企画「Meat Free Monday」、キャンパス内の傘廃棄量削減を目的とする傘のシェアリングサービス「アイカサ」などユニークなものが見られる。

2020年、関西大との共催でSDGsアクションプランコンテストを行った。

2021年には不要になった衣服を集め、「古着ファッションショー」を開催した。リメイクする、ファッション業界の抱える課題を学べるスライドを作成するなどに取り組んだ。参加した学生はこうふり返る。

「学生にとって身近な物であるファッションを切り口にしてＳＤＧｓに触れることで、ＳＤＧｓについて考え学ぶだけでなく、行動に移すハードルが大きく下がる気がします。ＳＡＳＨメンバーにとっても自分のワードローブを見直したり、着なくなった衣服のリメイクに挑戦したり、とファッションとの向き合い方を考え直す機会になりました」

ＳＡＳＨではこれからもＳＤＧｓアクションを起こすきっかけになるイベントや情報発信を積極的に行いたいとしている。「ＳＤＧｓというワードは知っているけど、何から行動に移せばいいのかわからない」「ＳＤＧｓ達成に向けて行動をしてみたいけど一人では不安」などと考える学生に応えるつもりだ。

法政大にはＳＤＧｓと親和性が高い、人間環境学部がある。２０２１年度秋学期人間環境セミナーでは、「ＳＤＧｓで創る我々の未来」「開発無くして平和なし、平和無くして開発無し：ＳＤＧｓ16実現に向けたＪＩＣＡの取り組み」「途上国開発の現場からみたＳＤＧｓ」「企業の現場からみたＳＤＧｓ」「自治体の現場からみたＳＤＧｓ」などの講義が行われた。

昨今、高校生がＳＤＧｓについて考え、議論し、発信するようになった。課外のクラブ活動としてＳＤＧｓ部が増えているのだ。ＳＤＧｓのターゲットには「平和と公正をすべての人に」がある。いくつかの高校SDGs部ではこれに則《のっと》って、ロシアによるウクライナ侵攻（2022年）の際、ウクライナを支援する募金活動を行った。

SDGsに学問として取り組みたい高校生にすれば、法政大はその受け皿となっていく。つまり、SDGsが大学選びのファクターになるとすれば、法政大は早慶MARCHのなかで最有力候補になるということだ。

第3章　早慶MARCHはコロナに負けない

——入試、グローバル化の最新情報

大学は日々、変化する。早慶MARCHがどんどん新しいテーマに挑戦する姿は、見ていて頼もしい。しかし、残念なことに新型コロナウイルス感染拡大は、その勢いを鈍らせてしまった。それでも早慶MARCHは前を向いている。本章では入試、グローバル化の最新情報から、コロナに負けない政策、取り組み、そして課題を紹介しよう。なお、本書では「一般選抜志願者数」は、「のべ志願者」「実志願者」を分けた。「のべ」とは、1人の受験生が1つの大学で学部学科を複数志願した場合、志願した学部学科の数が人数分としてカウントされることだが、「実」は同様に複数志願しても1人分としてカウントされる。

1　入試が進化する——多様な学生を探し続ける

(1) コロナ、入試改革での志願者動向、最新事情

早稲田大、明治大、法政大が志願者数トップ争い

早慶MARCHの多くで一般選抜（一般入試）志願者数は落ち込んでしまう。

新型コロナウイルス感染拡大は20年春に始まったので、同年の志願者状況は願書提出のあとであり、コロナ禍の影響をほとんど受けていない。だが、21年には直撃した。私立大学の一般選抜志願者は前年（20年）比で14％の減少となり、早慶MARCHも立教大をのぞいてすべて志願者数を減らしている。

原因はコロナ禍だけではない。21年から入試制度が変わり、センター試験に代わって大学入学共通テストが導入されたことも大きい。早慶MARCHを志願しなかった受験生にはどんな思いがあったのだろうか。以下の3つの理由が考えられる。

①コロナ禍に対する心理的な抑制。「コロナが怖くて大都市圏に移動したくない」「オンライン授業でキャンパスに通えない、学生同士の交流がむずかしいなら早慶MARCHに進学しても意味がない」などだ。

②浪人の回避。2020年の受験生は21年の入試改革を避けて、早慶MARCHに受からず第2、第3志望の大学に入学した受験生が多かったと言われている。浪人して大学共通テストのため新たな対策を講じたくなかった。その分、21年入試では浪人生がかなり減っており、それが志願者数減少の一因となった。

③学校推薦型選抜（学校推薦型）、総合型選抜（総合型）による入学者数の増加。一般選抜よりも学校推薦型、総合型選抜による合格者数が増加したことも少なからず影響している。なるべく早く入学する大学を決めたい、と考える受験生が増えたからだ。

早慶MARCHの一般選抜志願者数および実志願者数の推移を表にまとめた（図表3－1）。2000年代以降、早稲田大、明治大、法政大が鎬《しのぎ》を削っていたことがわかる。

22年は前年比で7大学の合計数が増えた。早稲田大、慶應義塾大、明治大、青山学院大、法政大は増加、中央大、立教大は減少している。

全体的に増えた要因は以下の3つが挙げられる。

①コロナ禍によるさまざまな規制が緩まったおかげで、「移動を避ける」「首都圏離れ」という受験生心理が弱まった。

②大学入学共通テストが前年よりも難しくなり平均点が下がったことで国公立大志望者が早慶MARCHの併願を増やした。

③21年の倍率が低い（高い）ので、合格しやすい（合格しにくい）と受け止めて、22年の倍率は高く（低く）なった。早慶MARCHのような人気校に見られる隔年現象である。

図表3－1　早慶MARCH、一般選抜(一般入試)志願者数の推移

【2018年】

	大学	実志願者	一般選抜志願者数
1	法政大	61,210	122,499
2	明治大	61,287	120,279
3	早稲田大	54,056	117,209
4	中央大	38,486	88,182
5	立教大	35,127	71,793
6	青山学院大	34,341	62,905
7	慶應義塾大	29,498	43,301

【2019年】

	大学	実志願者	一般選抜志願者数
1	法政大	57,457	115,447
2	明治大	55,660	111,755
3	早稲田大	50,965	111,338
4	中央大	37,889	92,686
5	立教大	33,596	68,796
6	青山学院大	32,287	60,404
7	慶應義塾大	28,576	41,875

【2020年】

	大学	実志願者	一般選抜志願者数
1	早稲田大	48,103	104,576
2	法政大	52,276	103,628
3	明治大	51,752	103,035
4	中央大	36,146	86,476
5	立教大	30,928	61,308
6	青山学院大	30,981	57,822
7	慶應義塾大	26,468	38,454

【2021年】

	大学	実志願者	一般選抜志願者数
1	明治大	48,639	99,470
2	早稲田大	42,513	91,659
3	法政大	45,490	90,956
4	中央大	33,967	78,534
5	立教大	29,136	65,475
6	青山学院大	23,206	40,123
7	慶應義塾大	25,159	36,681

【2022年】

	大学	実志願者	一般選抜志願者数
1	法政大	52,756	108,280
2	明治大	50,598	102,426
3	早稲田大	43,681	93,843
4	中央大	34,717	64,795
5	立教大	27,429	62,646
6	青山学院大	26,834	47,839
7	慶應義塾大	26,094	37,894

「全学統一方式」は志願者数をダブルカウント

22年度の一般選抜志願者数をざっとみると、法政大と明治大が10万人台に回復する。慶應義塾大の21年度志願者数は平成以降最少となり、同年度まで4年連続で減っていた。22年度は増加に転じている。

青山学院大が増加した背景には、前年度に大半の学部で共通テストと大学独自試験を組み合わせた選抜方式の導入があったからといわれている。受験生はこれを嫌って21年度の志願者数は20年度に比べて31％も減ってしまう。反動が22年にやってきたといっていい。

一方、中央大は17％減少した。これは大学にとってショックだっただろう。２０２３年に法学部が茗荷谷へ移転という都心回帰で増加が見込まれていたからだ。21年度に実施していた受験料減免制度をやめたことで学内併願が少なくなったとみられる。

立教大はなぜ減ったのか。21年は早慶ＭＡＲＣＨのなかでコロナ禍などの逆風にもめげず唯一志願者数を増やした。これは英語の独自試験をやめ（一部の学部を除く）、同じ学部の入試を複数回受けられるようにしたからだが、22年度はその反動が出てしまったようだ。典型的な隔年現象である。

早慶MARCHにすれば一般選抜志願者ランキングでの順位はたいそう気になる。メディアで「増加」と騒がれれば、それだけ注目が集まり、広報の観点からはありがたい話だ。「人気が高い」とポジティブに伝えられるからだ。

しかし、一般選抜志願者数は、出願や入試の方式によって実態が正確に反映されないケースがある。1回の入試で複数の学部や学科を受けられる、いわゆる「全学統一方式」を採り入れている大学だ。早慶MARCHでは明治大、青山学院大（併願は学科間のみ）、立教大、中央大、法政大である。1人の受験生が一度の入試で法学部と経済学部に出願すれば、2人分の出願となり、合格者も2人分を数える。これではダブルカウントとなり、「全学統一方式」を実施していない大学と比べるのは合理性に欠けてしまう。つまり、志願者数を比べるといっても青山学院大と慶應義塾大では土俵が違う、ということだ。

受験生からすれば、「全学統一方式」はたくさんの入試機会を与えてくれる、大学からのサービスであり、「せっかくの機会だから受けてみよう」という気になる。1回の入試で2学部合格できる。しかも、2学部目、2学科目の受験料がディスカウントされ（5校すべて最初の1学部は3万5000円、2学部（学科）以上1万5000円）、割安感を与える。なるほど、ひと粒で2度おいしい。そんな魅力は受験生をおおいに惹きつける。人気のバロメータとして十分に機能を果たし、意味をまったくなさないわけではない。

大学にすれば、少子化にあって優秀な受験生を獲得できる賢い募集戦略である。

なお、「全学統一方式」にはもう1つ大きな特徴がある。立教大を除く4大学が地方会場を設けている。全国の優秀な学生を集めたいという思いが読み取れる。これについては後述する（80ページ参照）。

実志願者数の増加率から大学の勢いを見ることができる

翻って、早慶が「全学統一方式」を行わないのは、黙っていても優秀な受験生は集まる、という自信があるからだろう。

とはいっても、ダブルカウントが含まれる大学と含まれない大学を同じモノサシで測るのはフェアではない。どうしたらいいか。

1回の受験で複数の学部学科を受けても、1人が受験したとしてカウントされる数値ならば、実態を反映している。それが実志願者数である（図表3－1）。

22年度、一般選抜志願者の上位校（のべ志願者／実志願者）は、1位近畿大（15万7470人／2万7574人）、2位千葉工業大（13万9074人／2万1人）となり、そのあとに法政大、明治大が続く。実志願数ランキングを全国でみると1位法政大、2位明治大、3位早稲田大となる。まだ、「実」がそれほど周知されていない。もっと広まれば、早慶MARCHへの評価は違ったものになるだろう。「実」の上位校は募集人員の多い、さまざまな学部がある、新しい取り組みを行っているところがあがってくる。また、前年比の増加率からは、その大学の勢いを見ることができる。倍率の高低による志願者増減の隔年現象が起こらず、人気が保ち続けられるからだ。ここには大学広報の努力が反映される。オープンキャンパスで受験生へのアピールをマンネリ化させず、毎年、工夫しながら大学の魅力をどんどん打ち出しているからだ。早慶MARCHにすればこちらを使ってほしいだろう。

なお、一般選抜志願者数の数え方にはもう1つある。1人が同じ大学で「全学統一入試」でなく、日程を違えて複数の学部を受ける、たとえば明治大経営学部2月15日、商学部2月16日というケースだ。これなら入試日程、もちろん入試問題も違うので、1人の受験で1回の合否判定しかされない。つまり、1人の受験者イコール1人の合格(不合格)者となり、ダブルカウントにならない。もっとわかりやすく言えば、ある受験生が同じ大学の他学部を違う日程で受験した場合、別な受験生としてカウントされる、ということだ。

一般選抜志願者数の定義はこちらのほうが理にかなっていると、筆者は考える。これでランキングを作れば、1位早稲田大、2位明治大になるだろう。わざわざ別日程で受験料を払って受験する学内併願が多いからである。

現役で入学したい。浪人して「なにがなんでも早稲田」は減少

早慶MARCHの入試方式別、現浪別、出身地域別の入学者数はどうなっているだろうか。残念ながら、こうした情報は詳らかにされていないところが多かった。

05年3月、文部科学省は全国の大学長あてに「大学による情報の積極的な提供について」という通知を出した。「各大学におかれましては、以上の点を踏まえ、教育研究活動等の状況に関する情報として、例えば、(略) 当該大学に係る各種の評価結果等に関する情報並びに学生の卒業後の進路や受験者数、合格者数、入学者数等の入学者選抜に関する情報等の一層積極的な提供を行っていただきますようお願いいたします」

これを受けて、こんな閣議決定がなされている。

「教育環境、研究活動、学生の卒業後の進路、受験者数、合格者数及び入学者数を含む入学者選抜に関する情報など、大学設置基準第2条の2における「教育研究活動等の状況」

として望ましい具体的な内容を通知等において明確に示すことにより、当該大学に関する情報全般を大学が情報公開することを促進する」

多くの大学の情報公開欄をみると、文科省の通知、閣議決定に従っていないところが見られる。早慶MARCHのなかにも情報公開に積極的でない大学があった。

大学のウェブサイトには、たいていは「情報公開」のページが設けられている。そこには合格者について入試方式別、現浪別を明らかにしている。だが、入学者になると、その数は掲載されているものの、それだけ、というあっさりした情報公開が多く見られた。肝心の入試方式別、現浪別などは載っていない。ぜひ、改善をお願いしたい。高校教諭、高校生がいちばん知りたいところだ。

旺文社は毎年『大学の真の実力　情報公開BOOK』を刊行している。ほかの受験情報誌には見られない貴重なデータが掲載されている。同誌から早慶MARCHの法学部、理工学部系の一般選抜者比率、現役入学者数比率（2018年、2022年）を取り出しまとめてみた（図表3－2、3－3）。公表していない大学については、すべてを明らかにしてほしいと、筆者は強く望む。もう隠す時代ではないのだから。

いまの受験生は入学者のうち一般選抜が半分程度しかいない。親世代にすれば、現役が

図表3－2　早慶MARCH、法学部、理工系学部のうち一般選抜者比率

【法学部】

	2018年	2022年
早稲田大	55.2	54.0
慶應義塾大	35.9	――
明治大	75.5	――
青山学院大	56.0	46.3
立教大	――	――
中央大	47.2	47.6
法政大	63.4	49.2

【理工系学部】

	2018年	2022年
早稲田大（創造理工）	45.0	46.6
慶應義塾大	60.3	――
明治大	72.5	――
青山学院大	67.4	70.1
立教大	――	――
中央大	71.3	69.8
法政大	74.4	63.3

『大学の真の実力　情報公開BOOK』（旺文社　2018年版、2023年版）をもとに集計
単位：%、罫線は非公表

図表3－3　早慶MARCH、法学部、理工系学部入学者数のうち現役入学者比率

【法学部】

	2018年	2022年
早稲田大	81.6	85.2
慶應義塾大	――	――
明治大	79.2	83.3
青山学院大	80.4	88.1
立教大	――	――
中央大	82.5	83.6
法政大	90.9	86.9

【理工系学部】

	2018年	2022年
早稲田大（創造理工）	79.8	84.0
慶應義塾大	――	――
明治大	72.6	79.1
青山学院大	75.1	83.5
立教大	――	――
中央大	75.0	80.9
法政大	75.2	82.5

『大学の真の実力　情報公開BOOK』（旺文社　2018年版、2023年版）をもとに集計
単位：%、罫線は非公表

8割以上いる、というのは信じられない話だろう。1990年代まで、早慶MARCHの社会科学系学部は浪人7割以上、一般選抜は9割以上が当たり前だったのだから。2014年、代々木ゼミナールが20校閉鎖、2022年には駿台予備学校が2教室を撤退など、浪人生がいなくなってしまった分、早慶MARCHに現役で入学したと考えていい。「なにがなんでも早稲田」「慶應に入るためには何年かかってもいい」という、特定大学へのあこがれを抱いての受験はずいぶん少なくなった。浪人や仮面浪人して明治大、法政大、中央大から早稲田大を受け直す、立教大や青山学院大から慶應義塾大に再挑戦する、という時代ではない。第2、第3志望に入る受験生は少なくないのである。進学校の進路指導教諭から、「あと1年、がんばれば東京大に入れるほどポテンシャルがあるのにもったいない」と言われる早慶入学者がよく見られるという。高校3年間ほぼ受験勉強漬けでもう1年勉強するのは耐えがたいと考える受験生がいる。浪人すれば親に経済的負担をかけてしまうという、やさしい受験生もいる。それぞれ尊重してあげたいものだ。

（2）全国から逸材を発掘

中央大――地方会場設置で全国の受験生へ呼びかけ

早稲田大、慶應義塾大、中央大、法政大の学生の出身地についてまとめた（図表3－4）。
１９８０年代までは4割以上は関東以外、つまり地方出身者で占められている。各地の受験生からあこがれの対象となっていた。全国区大学としての面目躍如である。ところが、90年以降は地方出身が右肩下がりに減っていく。２０１０年代には2割台まで落ち込んだ。

さまざまな要因がある。

①入試が難しくなって、塾や予備校など受験勉強する環境が整っており、進学指導を熱心に行う中高一貫校がある首都圏の高校生にはかなわない。

②経済的な困難さから東京の大学には通えない。

③「何が何でも早稲田」というブランドへのこだわりがない、などが考えられる。

地域にまったく関係ない学校推薦型、総合型入試の普及は、全国各地の高校にはありがたい話だが、こうした入試への対応も首都圏の受験生のほうが長《た》けている。学校推薦型、

図表3－4　早稲田大、慶應義塾大、中央大、法政大の学生出身地(2022年)

大学	早稲田大	慶應義塾大	法政大	中央大
北海道	0.7	0.8	2.0	2.5
東北	1.2	1.4	3.1	3.8
関東	79.3	78.1	77.5	75.4
東海	5.8	5.8	5.1	7.3
甲信越	0.8	1.5	3.5	
北陸	0.7	0.9	1.0	2.2
関西	5.1	5.3	3.1	2.9
中国	2.0	1.5	1.2	1.5
四国	0.9	1.0	0.8	1.0
九州	2.7	2.8	2.7	3.5

大学案内2023年版などから作成。早稲田大、慶應義塾大、法政大は一般選抜入試合格者。中央大は学生数。単位：%

総合型の入試に特化した専門塾、予備校がある。「こんな論文を書けばいい」「面接でこう答えればいい」という指導を受けられるかによって、入試情報収集力に差が生まれてしまう。学校推薦型、総合型は地方にとって追い風とはなっていない。

しかし、大学にすれば多様な学生がほしい。特定地域の出身が多いと思考、行動が似たものになるのではと懸念する。ならば、地域によって社会、文化背景が異なり考え方もさまざまな地方の受験生をもっと集めるべきだ。そのためには大学から全国に出向いて受験生を迎えるべきではないか。こうした発想で前述の「全学統一模試」を主要都市で受けられるよう、地方会場を設けているのが、明治大、青山学院大、中央大、法政大である（図表3－5）。なかでも中央大は学部ごとの一般選抜

図表3－5　法政大、明治大、青山学院大、中央大の全学統一方式の地方会場（2023年度）

大学	名称	試験会場
法政大	T日程入試	札幌、仙台、新潟、長野、金沢、名古屋、大阪、広島、福岡
明治大	全学部統一入学試験	札幌、仙台、名古屋、大阪、広島、福岡
青山学院大	全学部日程	横浜、名古屋、福岡
中央大	統一入試	札幌、仙台、さいたま、千葉、新潟、名古屋、大阪、広島、福岡

入試でも地方会場を設置し、全国各地の受験生に呼びかけた。試験会場は、東京（多摩キャンパス・後楽園キャンパス）、札幌、仙台、さいたま、千葉、新潟、名古屋、大阪、広島、福岡の10都市である。

ここで中央大の出身学生の分布を見てみよう。

①北海道583人、②東北897人、③関東1万7813人、④北陸516人、⑤中部1272人、⑥関西674人、⑦中国364人、⑧四国230人、⑨九州833人、⑩沖縄119人。

早慶MARCHのなかで地方出身がもっとも多いのは中央大ではないか、と言われている。7校を厳密に比較した数値はなくエビデンスには乏しい。しかし、地方試験会場の充実ぶり、キャンパスのロケーションを鑑みると地方出身者が生活しやすいということらしい。多摩は都心に比べると家賃が安いのが大きいとされていて、月額で1～2万前後違う。そして、都会の喧噪がなく地方と似ていてなじみやすいというわけだ。これらは地方出身のＯＢ・ＯＧが母校で後輩に語る口調である。最近では、ネットでキャンパスの雰囲気を知ることができる。コロナ禍ではオンラインでオープンキャンパスに参加できた。他の6校は都心の利便性をアピールするなか、中央大は自然環境を訴える。そこに魅了される受験生は一定数いる。

ところが、である。２０２３年、中央法学部が都心のど真ん中、茗荷谷へ引越すことになった。19年新設の国際情報学部も多摩にはない。こうした動きが、全国区大学に影響を与えるかもしれない。

なお、前述の「全学統一方式」において、早慶ＭＡＲＣＨでは、明治大、青山学院大、中央大、法政大の4校で地方会場を設けているものの、早慶、立教大は入試の地方試験会場を設定していない。東京で行えば十分という考えだろうが、入試機会を広げることで、多様な学生を集められるという観点から、物足りなさを感じる。経費をかけたくない、というのであれば、けちくさい話だ。優秀な学生獲得のためにもっと学生の立場を考慮してほしい。

早稲田大、北九州で優秀な学生を募集

大学はさまざまな背景をもった学生を受け入れたい。前述したようにすぐれた能力、きわだった個性のある学生に学んでほしい、と考えている。キャンパスが盛り上がってほしいからだ。そのためには全国各地から学生に集まってほしい。

早慶MARCHのなかで1校だけ、地域に限定した入試を行っているところがある。早稲田大基幹工学部の、「新思考入学試験（北九州地域連携型推薦入試）」だ。入学案内にはこう記してある。

「入学者の選抜は北九州地区を中心とした推薦入試（指定校）とし、面接試験は北九州キャンパスで基幹理工学部とIPS（大学院情報生産システム研究科）が協力して実施します」

その目的について次のような説明があった。

「早稲田大学では近年、東京近郊（1都3県）からの入学者が多数を占め、地方からの学生が年々減少している傾向があります。地方で活躍する優秀な人材を育成することは、早稲田大学創立以来の理念の一つであり、Waseda Vision 150の基軸3〝校友・地域との生涯にわたる連携の強化〟にも将来の大きな目標の一つとして位置づけられています」（大

学ウェブサイト）

（3）専門家育成のため人材発掘

法政大、地域活性化で活躍できる学生にラブコール

受験生がもっとも多く受けるのが一般選抜入試だが、早慶MARCHは優れた能力やきわだった個性を持った学生を求めてさまざまな入試改革に取り組んできた。学校推薦型、総合型の枠組みを広げて、これらを合わせれば、一般選抜の入学者を凌駕《りょうが》する勢いにある。大学はさらに多様な人材を受けいれられるように、学校推薦型、総合型を拡充し新たに「特別入試」を導入している。

法政大現代福祉学部福祉コミュニティ学科は2020年から「まちづくりチャレンジ自己推薦入試」を導入した。出願資格として、これまで地域社会の問題を解決するために主体的に関わってきた経験や実績をアピール、こうした経験を証明できる推薦者（自治体首長、NPO代表、校長など）の推薦状を提出する、などだ。

まちづくりチャレンジ自己推薦入試で合格したケースを紹介しよう。

神奈川県の高校生は、高校で鉄道研究部に所属し鉄道による地域活性化の研究に取り組んでいた。地元で開催された鉄道イベントの運営に関わったことがある。

「現在建設中のリニア中央新幹線について取り上げました。リニアにはメリットもたくさんありますが、環境問題や地方にある中間駅をどう活性化させるかといった課題もありました。建設時に発生する土などは、地元の公共事業に活用したり、地方の活性化はリニアの速達性とその土地にしかないものを利用した新たな観光のあり方について提案し県で1位を獲得することができました」

北海道・奥尻島で「島留学」していた高校生は、住んでいた民宿がウニ漁を営んでいたので、夏はウニむきなど手伝いをして、島の人たちの暮らしに触れていた。

「地域づくりに他者との協働は必須と考えるようになり、島の課題解決を目指して、函館工業高等専門学校と札幌開成高校の生徒とともに、はこだて学生アイデアコンテストに出場しました。「観光」と「移住」を組み合わせたプロジェクトの提案は、優秀アイデア賞を頂きました。他校と協力することによって、異なる観点から奥尻町の課題を発見できていると高い評価を受けました」

東京都の高校生は東日本大震災後のまちづくりについて考え、そのプランを自治体に提案した。

「私は高校2年生の時にまちづくりに関わる講座を受講して、その研修旅行で宮城県を訪れました。そして現地の方から「震災後、地域コミュニティが希薄になってしまっている」と聞き、心を痛めました。高校三年生では自らの問題意識と向き合うために、知人が主催しているプログラムに参加しました。プログラムの概要は、二泊三日で南三陸町に浸り、最終日に町の企画課の方に、プレゼンテーションを通して自分の考えた地域活性化の施策を発表するというものでした。私は地域コミュニティに重きを置き、SNSを活用した掲示板の作成を提案しました」（以上、法政大現代福祉学部のウェブサイト）

高校時代、もっとも力を入れたことを、大学でアカデミックなアプローチから探究し続けることができる。これこそ高大接続である。

明治大――農業振興を担う人材を発掘

最後に明治大農学部食料環境政策学科を紹介しよう。同学科では「地域農業振興特別入試」を行っている。農業振興を担うリーダーとして活躍したいという志願者に門戸を開いた。2002年度からの実施で多くの卒業生を送り出し、地域農業の活性化、農村の発展に貢献できる人材を育てている。

この特別入試では、書類選考、プレゼンテーション、個別面接などで選考を行い、地域農業に対する熱い思いと強い意志、地域農業振興を担うための具体的なプランと行動力が試される。

2023年度の地域農業振興特別入試で科せられた論文テーマは次のようになっている。

「食料環境政策学科を卒業後、あなたはどのように地域農業振興に関わっていく予定ですか? あなたが関わろうとする地域の農業の実態を踏まえて、将来のプランを800字以上1200字以内で具体的に記入してください」

早慶MARCHのなかで唯一の農学部として存在感を示している。農学部そのものが少数派ではあり、首都圏でも国際、情報、人間、総合政策など新しい学際(さまざまな領域を超えた学問分野)系の学部よりも少ない。首都圏では国立の東京農工大、私立の東京農業大、玉川大、日本大など限られる。ほかの早慶MARCHには農をメインとする学部はないところが、明治大農学部の強みであり、第1志望として入学する学生が多い。他大学がなぜ農学部を作らないのか。不思議で仕方がない。

農学部食料環境政策学科には農業経験として「ファームステイ実習」がある。履修した同学科3年の女子学生は山梨県笛吹《ふえふき》市の桃とぶどう、そしてワインを生産している農家で1週間滞在し実習を行った。

「桃の収穫、ぶどうの袋掛けの農作業をすることで農家さんの生活リズムや果物の繊細さ、収穫までの道のりを実感しました。また、1週間の中で雨の日が多かったため収穫した桃の発送準備やワインの梱包のお手伝いもさせていただきました。農作業以外の農家さんの仕事について知り、天候に左右される農業の難しさも体感しました。農家さんとお話をする中で生産をして消費者へ届けるまでの工夫や大変さ、農業にまつわる問題を考え、大学で学んできたことをより深く理解することができました」（明治大農学部ウェブサイト）

たいへん魅力的な学科である。学生が楽しそうなところがいい。

（4）家庭に恵まれなかった受験生への配慮、支援

青山学院大――他大学に例を見ない「全国児童養護施設推薦」

2018年度、青山学院大は児童養護施設出身者に限定した推薦入試制度を始めた。同制度で入学した生徒は、入学金と4年間の授業料が無料になる。また、月10万円の奨学金が給付される。同制度で2018年は2人、2019年は1人が入学した。

この推薦制度で、2019年、コミュニティ人間科学部に入学した女子学生はこう話している。

「物心が付いた頃から将来は福祉に携わりたいと考えてきました。特に子どもに関わる何かがしたいという思いが強く、小学生の頃の夢は保育士、小学6年生になると、特に児童養護施設で働きたいと考えるようになりました。それは私が児童養護施設で育ったからであり、他の道を知らなかったからと言えるかもしれません。青学に進学しようと考えたのも、児童養護施設入所者を対象にした「全国児童養護施設推薦」という推薦制度があることを知ったからです。（略）こうしたサポートは親からの経済的援助を受けられず、後ろ盾

のない私にとってこれ以上ないほど心強く、施設の職員から本制度の話を聞き、他の志望校もありましたが職員と何度も話し合った末に心を決めました。加えて推薦制度の入学者には学部の教員が専属のアドバイザーとして付いてくださることになっており、1年次から折に触れて声をかけて頂いています」(青山学院大ウェブサイト)

全国児童養護施設推薦では、志望理由書、学修計画書、そして児童養護施設長の推薦書などの書類審査および面接が行われる。青山学院大の大学政策・企画部の担当者はこう話す。

「どの書類もとても熱心に書かれていて、点数なんてつけられません。不合格通知を受け取った子は希望を失うのではないかと心苦しいです。ただ、学生1人への支援は4年間で1千万円近くになり、1学年1、2人の受け入れが精いっぱいです。例えば全国の私立大学が施設出身者を1人ずつ受け入れれば、約600人が入れます。ぜひ他の大学にも入試制度が広がればと願っています」(「AERA」2019年6月1日)

全国児童養護施設推薦は、前述した青山学院大の建学の精神、「地の塩」「世の光」に基づいて整備された。人間の尊厳を守るための制度である。

立教大、早稲田大：児童養護施設出身者への就学支援

児童養護施設出身などの支援は、立教大、早稲田大でも行われている。推薦制度ではなく、入学後の支援となる。

立教大のコミュニティ福祉学部の「田中孝奨学金」では、児童養護施設に入所している者（満20歳未満）で自由選抜入試の入学者が次のような支援の対象となる。

①「学費（授業料、実験・実習費）」「その他の納入金（研究会費、学生健康保険互助組合費、校友会費）」相当額は、大学から学生本人への請求額と相殺する形をとる。②「学修奨励金」として年額80万円を支給。

早稲田大の「紺碧の空奨学金」では、児童養護施設、ファミリーホーム（小規模居住型児童養育事業）入所者および出身者、養育里親家庭で育った里子を対象として、次のような支援を行っている。

①入学検定料（大学入学共通テストの検定料は除く）、入学金免除。②授業料、実験実習料など、その他諸経費を全額免除。③勉学に専念できるよう家賃補助および生活支援金として月額９万円を上限に給付。

立教大は全学部に広げるべきだろう。早稲田大は入試選考がかなり難関なので受験生にはハードルが高く、志願者はそれほど多くないと言われている。青山学院大のように推薦制度として整備したほうがいい。

児童養護施設に入所している高校生は大学で勉強したいが、経済的にあきらめてしまうケースがある。入学しても学費が払えない、そもそも東京大、京都大、早慶MARCH、関関同立など難関校向けの受験勉強ができる環境が十分ではない（塾や予備校へ通う余裕がなく、施設では勉強に集中できない）などが理由だ。

残念ながらそれは数字にも示されている。

厚生労働省がまとめた「社会的養育の推進に向けて」（令和3年5月）によれば2020年に高校を卒業した児童養護施設出身の生徒の大学等進学率が17・8％、専門学校等の進学が15・3％だった、すべての高卒者の大学等進学率は52・7％なので、かなり低い水準だ。

早慶MARCHは経済的に苦しい立場に置かれている高校生に向けて門戸をもっと開放してもいいのではないか。あらゆる人が大学教育を受けられるようにする。早慶MARCHの建学の精神と重なり合うところがあるはずだ。

2 グローバル化が戻ってきた

コロナでもっとも大きな打撃を受けたのは、グローバル化である。２０２０年は出国、入国に厳しい制限が課せられ、海外への留学派遣、海外からの外国人留学生受け入れがきわめて低調になってしまった。

たとえば慶應義塾大法学部の男子学生はスペイン、ＥＳＡＤＥビジネススクールの留学中、コロナ禍によって留学が中断されてしまう。

「渡航制限や夜間外出制限、全授業オンライン化など、様々な制限を受け、私も、緊急帰国することになりました。突然の帰国は残念でしたが、いつどこで何が起きるかわからないということを身をもって経験し、今を全力で生きようという強い気持ちが芽生えたことを前向きに捉えています」（「慶應義塾大法学部案内２０２２」）

グローバル化を体験できる機会が失われた。だが、こうした非常時でリスクに直面したとき、どう立ち向かったらいいかを考え、行動する経験は、違う意味で貴重である。「前向きに捉え」将来に活かそうとしている底力は、この学生の強みであり、大学はさぞほっとしただろう。

2022年、世界的な感染拡大がすこしずつ落ち着きをみせる中、国や地域を越えての人々の行き来が復活しつつある。東京、京都などに外国人を見かけるようになった。キャンパスに留学生も戻っている。そして、海外へ出発する日本人学生も徐々に増えつつある。停滞していたグローバル化が戻ってきた。

(1) 法政大：コロナ禍以降、グローバル化の進め方

留学派遣を復活するため準備万端

法政大は2022年秋、「派遣留学制度」の協定校別募集を再開した。2023年度秋に始まる海外留学だ。留学先のおもな大学、国や地域は次のとおり。

＊アジア

上海外国語大（中国）、國立台湾師範大（台湾）、チュラロンコン大（タイ）、マラヤ大（マレーシア）

＊ヨーロッパ

ロンドン大バークベック（イギリス）、ブレーメン大（ドイツ）、ウィーン大（オーストリア）、リヨン第三大（フランス）、オールボー大（デンマーク）、ヴェネツィア大（イタリア）、タシケント国立東洋学大（ウズベキスタン）、コルドバ大（スペイン）、モスクワ国立大付属アジア・アフリカ諸国大（ロシア）

＊南北アメリカ

カリフォルニア大デイヴィス校（アメリカ）、ケベック大モントリオール校（カナダ）、グアダラハラ大（メキシコ）

この他、韓国、オーストラリアなどが春にスタートする予定だ。

法政大にはさまざまな海外留学制度がそろっている。そのなかの1つに「派遣留学制度」がある。学部を問わず、2、3年生の応募の中から選考を行い、3、4年次に大学と協定を結んでいる国、地域へ1年間または半年間学ぶ。オーストラリア（シドニー大など）、韓国（梨花《イファ》女子大など）の大学への留学は春学期入学、その他の大学は秋学期入学となる。派遣先大学の授業料は全額免除となり、奨学金は70～１００万円（半期の場合は半額）が支給される（留学年度の大学の学費は本人負担）。留学先の大学で修得した単位は、教授会で審議の上、学部により30〜60単位を限度に法政大の卒業所要単位として認定される。

それでも、すこし心配である。新型コロナウイルス感染は大丈夫だろうか。法政大は次のようなただし書きをつけた。留学開始までに法政大の渡航実施基準（外務省危険情報・感染症危険情報がレベル1以下）に満たない国、地域は派遣留学を原則中止とする。なお、2021年度秋学期以降、危険情報レベル1以下かつ、感染症危険情報レベルが2・3の地域の大学への留学に関しては、本学が求める条件を満たす場合に限り、例外的に渡航を認める。

もう1つ懸念材料がある。ロシアだ。現在（2022年）、情勢悪化の影響によりロシアへの渡航を伴う派遣留学を中断しているが、2023年度秋学期入学派遣留学の募集は行う。しかし、留学開始までに情勢が改善されない場合には渡航を伴う留学を中止する可能性はある、としている。ウクライナへの侵攻に伴う、ロシアの戦争状態がなくならない限り、留学はむずかしそうだ。

オンライン留学の良いところ、だめなところ

大学のグローバル化の醍醐味は学生が国境を越えることである。その妨げになった状態が2020年代に起こった。感染症と戦争である。この時代にめぐり合わせた大学生はか

わいそうであり、同情を禁じ得ない。コロナ禍のため、海外に出られず、「オンライン留学」することになった学生を紹介しよう。中国の中央民族大の授業を週5日夕方以降の時間帯で3時間半、自宅で聴講する。

「海外の学生とリアルタイムで共に学び気付いたのは、自分が漢字の意味から中国語に入ってしまい、音からの認識が苦手であること。日本で学んでいるだけではわからないことでした。そのため、リスニング練習を強化し耳から学ぶことを心掛けています。（略）オンライン留学は、授業以外の時間をインターンシップや説明会への参加など対面の就職活動に充てられることが大きな利点です」（「法政大学案内2023」より）

オンライン留学になったからといって、これまで現地で学んでいた留学生よりもレベルが下がったという話は聞かない。リアルな授業よりも質問しやすくなった、ていねいに教えてくれる、という評価も出ている。なにより日本で時間を有効に活用できる。それを就職活動や部活動に使えるというのは、たしかにメリットではあろう。しかし、留学先の空気を味わえない、対面によるコミュニケーションを体験できない、勉強や遊びで行動を共にできない、街並みの文化に触れられない、などリアルにかなわないことはたくさんある。

コロナ禍以前、「派遣留学制度」を活用しアメリカのベイラー大で映画制作を学んだ文学部の女子学生がこうふり返る。

「授業のスピードについていくため、教授に直談判して授業の録音を許してもらい、何度も教授のもとへ足を運び質問をしました。その努力の結果、最高評価の成績を取ることができました。学業以外にも、学生寮の運営組織でリーダーを務め、現地の学生と一緒に行事運営にあたったことは忘れられない経験です」（「法政大学案内2022」）

オンラインならば録音は自由に行える。しかし、教授への直談判はリアルのほうが迫力はあり効果的だ。学生寮での行事運営において、オンラインでは太刀打ちできない濃密なときを過ごせる。生身の身体が国境を越えないと体感できないことはたくさんある。今回、オンラインの良さもわかり、対面とバランス良い教育が追求されよう。

法政大はグローバル化の停滞を取り戻すため、「派遣留学制度」など海外留学できる体制を整備しつつある。海外への留学生派遣数は、早慶ＭＡＲＣＨのなかで法政大は早稲田大に次いで2番目だ。しかし、派遣制度は法政大のほうがバラエティに富んでいる。

２０１０年代半ばの留学経験者の話を紹介しよう。国際文化学部の女子学生がこうふり返る。

「海外に留学した際に、自分がいかに自国のことを知らないかを痛感し、「アジアから見た日本」がテーマの本ゼミを選びました。3年次には沖縄・渡嘉敷《とかしき》島で集団自決の生存者を取材し、映像作品として発表、現在は卒業研究として、韓国の人々の対日感情がどのように形成されたかを調べています。（略）対話と共感力を持って活躍できる「国際社会人」の育成に貢献したいと思っています」（「法政大案内２０１６」）

彼女は国際文化学科表象文化コースで学んでいた。「本ゼミ」とは、同学科教授の鈴木靖さんが行っているゼミのことだ。異文化に共感する力を、他者の視点から日本を客観的に見る視点を養う。『国境を越えるヒューマニズム』（法政大学国際文化学部、法政大学出版局）の編纂、執筆者であり、同書では差別や暴力のない、平和で豊かな世界を築きあげた9人の偉人を紹介している。ここには法政大の教育理念が反映されている。

コロナ禍直前の２０１９年、留学生派遣数は１６３９人を数えた（短期留学、学部独自、派遣留学、認定海外の制度など）。このうち現地で16単位以上取得者は３６６人だった。早慶ＭＡＲＣＨでは早稲田大９７６人、立教大49人、中央大41人などとなっている。

（2）国際系学部、逆風にあっても前を向き続ける

異文化での魅力的な学生生活が語り継がれる

グローバル化を象徴する学部には「国際」が付いている。留学必須、授業はすべて英語であることが大きな特徴になっている（図表3－6）。

立教大Global Liberal Arts Program（GLAP、学部に相当）の女子学生はアメリカ、モラヴィアン大で環境学を学んだ。帰国はコロナ禍直前の2020年である。こうふり返る。

「環境経済学や公衆衛生学などを勉強し、現在、世界中にある貧困や格差などの社会問題の根源は何かということについて多方面から考える機会を得ました。これらの授業により、行政やコミュニティが格差を小さくすることに大きく貢献している事を学び、自分が考えたことがない視点から物事を見ることができてとても興味深かったです」（立教大GLAPウェブサイト）

青山学院大地球社会共生学部の「学部間協定校留学」の参加学生は、留学先では大学での専攻分野の科目を履修する。帰国時には現地で学んだことをまとめた「アジア留学レポート」の提出を義務付けており、合格者には留学後の翌学期に「アジア留学」の単位が付

図表3－6　早慶MARCH、国際系学部の授業形態、留学プログラム

大学	学部	全授業は英語	留学は全員必修	留学プログラム、期間
早稲田大	国際教養	◎	◎	「早稲田大学派遣留学プログラム」「SILS箇所間協定」。1年間
明治大	国際日本			「アカデミック留学・インターンシップ・プログラム」など。4～11か月
青山学院大	地球社会共生		◎	「学部間協定校留学」。2年次後期、東南アジアに半年間
立教大	Global Liberal Arts Program		◎	2年次秋学期から3年次春学期の1年間
中央大	国際経営		◎	「海外短期留学」。1年次：3～4週間
中央大	国際情報			「交換留学」「短期留学」
法政大	国際文化		◎	「SA（スタディ・アブロード・プログラム）」。2年次
法政大	グローバル教養	◎		「OAS（Overseas Academic Study Program）」。参加者全員に奨学金を支給

青山学院大国際政治経済学部（1982年設置）は安全保障、貿易など政治経済の教育に重きが置かれているのでここでは取り上げなかった

与される。自身の留学体験をプレゼンテーションする場があり、外部にも配信を行っている。この留学制度を活用して19～20年、タイのチュラロンコン大で学んだ女子学生は、「タイの若者の加糖飲料摂取頻度と健康被害への意識」を研究テーマとし、留学先の大学の学生を対象に調査を行った。こうふり返る。

「ウェブ上でアンケートを作成しクラスメートだけではなく、バスで隣になった学生やベンチに座っている学生など

にも声がけをし、約40人分のデータを集めました。なかには、日本人の私には解釈できない調査結果もいくつかあったため、クラスメートに見てもらい、彼らの発言や議論内容などを生の声としてヒアリングしました。現時点ではまだ調査の途中段階ですが、予想に反する結果や参与観察だけでは確認できなかった学生たちの食習慣などがわかり、とても興味深かったです」（青山学院大地球社会共生学部ウェブサイト）

明治大国際日本学部の女子学生は2年次にアメリカのインディアナ大へセメスター留学（英語を母語としない人向けの英語学習留学）をした。

「自然に囲まれ、広大なキャンパスで過ごした5か月間は勉強に集中できたとともに、様々な文化に触れ、また自分を見つめ直すきっかけになりました。また、3年次からは佐藤ゼミへ入り、「ツーリズム」という自分の好きな分野を見つけました。授業以外にも総合旅行業務取扱管理者の資格や、世界遺産検定を取得し、ツーリズムに関する知識を深めることができ、とても楽しく学ぶことができました」（明治大国際日本学部ウェブサイトより）

佐藤ゼミとは、同学部講師、佐藤郁《いく》さんが担当する「インバウンドツーリズム、観光による地域活性化」に関する演習である。佐藤さんは立教大大学院の出身だ。

慶應義塾大には国際系学部はないが、同大学国際センターが実施、紹介する留学プログラムで学生が学んでいる。おもなものを以下に紹介する。

＊短期海外研修プログラム
夏休み・春休みの休校期間を中心に2週間〜1カ月程度

＊延世《ヨンセ》・復旦《ふくたん》・立教・慶應リーダーシップフォーラム
延世大（韓国）、復旦大（中国）、立教大、慶應義塾大の学生約50人が共同生活をしながら講義、グループワーク、文化交流イベントを通して相互理解を深める

＊協定校等による短期プログラム
夏休み・春休みの休校期間を中心とした数週間から数カ月程度

＊派遣交換留学
清華《せいか》大（中国）、ペンシルバニア（アメリカ）など、世界トップレベルの大学で1学年間学ぶ

また、慶應義塾大は、授業がすべて英語という学部もない。だが、経済学部PEARL（Programme in Economics for Alliances, Research and Leadership）の講義はすべて英語で行われる。

第4章　早慶MARCH学生気質

——生活、勉強、大学観、恋愛など

20年春、新型コロナウイルス感染が拡大しはじめたとき、ほとんどのキャンパスは閉鎖されてしまい、学生は自宅でオンライン講義を受けることになった。授業、サークルで教員や友だちとリアルに触れあうことはない。

さぞ、つらかっただろう。20年に入学した、いわばコロナ世代の大学生は、21年、3年生になってようやくキャンパスにしっかり根を下ろし、友と語り合うなど学生生活を満喫できるようになった。

早慶MARCHの学生は「コロナの時代」をどんな思いで受け止めたのだろうか。そして何を考えているのだろうか。各大学が行った生活実態調査、意識調査から、早慶MARCHの学生気質――生活、勉強、将来、友人、恋愛、愛校心について知っておこう。

1　コロナ禍で揺れ動いた学生生活

(1) 早稲田大――授業の出席率「90～100%」は75%

専門科目、一般教育の満足度は6割前後

早稲田大は毎年「早稲田大学学生生活・学修行動調査報告書」をまとめている。最新の21年版ではコロナ禍の苦労が示されていた。

「新型コロナウイルスの影響」への問いについて、①「気分が落ち込んだり、食欲がないことがあった」と回答＝38・7％、②「アルバイト収入が減少した」と回答＝33・1％となっている。

いずれも2020年に比べれば改善されたが、まだまだ高い。気分を落ち込ませるような「不安、悩み」についての質問にはこんな回答をしている。①進路、就職など55・0％、②性格、能力32・1％、③対人関係31・7％、④精神面での健康27・5％となっている。

早稲田大は就職実績が他大学に比べて良いと言われる。それでも不安をかかえる。大学入学まで優等生で通ってきた。社会的に評価が高い企業に入らなければならない。そんなプレッシャーはあるようだ。

恋愛問題は14・9％だった。これは少ないとみるべきか。政治経済学部3年男子はこう話してくれた。

「まわりには恋愛そのものに興味がない同級生が多い。すでに恋人がいて恋愛問題に悩む必要はないという人もいるけど少数派かなあ。高校に比べて片思いで悩んでいる、という人も多くないように思えます。ただ、おたくが多く、アニメの世界で少女を追いかける人を見かけるのは気になりますね。リアルで交際ができないのか。あと、男子校出身者は恋愛ベタです。わたしも苦労しました」

授業の出席率は高い。

「90～100％」が75・0％、「80～90％」は13・3％、「70～80％」は6・9％いるとなっている。つまり7割以上の出席状況が95％以上にのぼるということだ。大学は恋愛する場ではない、学ぶところだと言わんばかりだ。

出席率「90～100％」については、2001年は43・5％、2011年は約6割となっている(同調査)。早稲田の学生はこの20年間で相当まじめに授業を受けるようになったといえる。だが、これは学生の意識、取り組みが変わったというだけではない。日本の大学全体が出席を厳しくチェックし欠席が多いと単位を与えないという体制になったことにもよる。

授業に対する満足度はどうだろうか。「満足」と回答したのは、専門科目、一般教育いずれも6割前後である。それにくらべて語学教育は低い。また、キャリア形成支援に関するサービス（就職活動の支援などを含む）は24・0％とかなり低い。法学部3年の女子学生はこう話す。

「専門科目の授業を受けてようやく学問のおもしろさを知りました。でも、一般教育では教養がとくに身についたわけではなく授業は面白くない。語学も実用的でなく、話せるようになった気がまったくしない。自信を付けてくれる英会話学校に通っていたほうがずっと役立ちます。就活は基本、自分ですすめるものであり、間に合わなくなって焦った学生が職員に頼るのでないでしょうか」

手取り足取り的な就職支援は早稲田に似合わないと言いたげだった。

（2）中央大――帰属意識の高さ「大学に来てよかった」

高い入学希望率

中央大では卒業生を対象に授業満足度調査を行っている。早稲田大と同様な質問があったので、両校を並べてみた（図表4－1）。

図表4－1
中央大、早稲田大の授業満足度

項目	中央大	早稲田大
一般教育	89.3	55.2
専門教育	91.7	66.2
語学科目	76.5	42.9
ゼミ	87.1	46.9
卒業論文	90.0	31.5
キャリア教育	73.1	24.0

「中央大学卒業時アンケート」「早稲田大学学生生活・学修行動調査報告書」最新版から作成。単位は%

中央大のほうがはるかに満足度が高いことがわかる。

もちろん、単純に比較することはできない。しかし、大学への愛校心、帰属意識の高さが感じられる。中央大について、調査回答の自由記入欄を紹介しよう。

「4年間本当にお世話になりました。正直、中央大学は私の第一志望の大学ではありませんでした。しかし、今は中央大学に入学し、こうして卒業でき、本当に良かったと思います。4年間素敵な方々に出会い、多くの経験をすることができました。春からは新しい環境で頑張ります。ありがとうございました」（法学部）

「本当にためになる講義が多く、大学に来てよかったと思います。受験勉強に比べれば実生活に役立つことばかりで学習すること自体も楽しく感じられました。これは教授の皆様方がしっかりとした講義を熱意を持ってやってくれたおかげだと思います。ありがとうございました」（経済学部）

かなり優等生的な意見であり、中央大の学生を代表すると決めつけるのは早計だが、帰属意識の高さは注目していい。
　中央大の同調査ではこんな問いがある。
（1）「本学入学時点の気持ちについておたずねします。本学は入学を希望していた大学でしたか」。法82・3％、経済86・2％、商83・6％、理工79・9％、文84・5％、総合政策80・1％、全体82・9％。
（2）「ご自身の本学に対する評価についておたずねします。入学前と比較して、「中央大学はよい大学だ」という思いは強まりましたか」。肯定的な回答（「とてもそう思う」「どちらかといえばそう思う」）は法88・8％、経済92・4％、商88・5％、理工86・6％、文92・2、総合政策92・0％、全体89・9％だった。
　第1志望とは限らないが、すべての学部で入学を希望していた学生が8割以上だったこともあって、行きたかった大学ゆえの帰属意識の高さがうかがえる。

（3）法政大——大学が心配「深い孤立感に苛まれているのではないか」

ネガティブな調査情報も隠さず公表

法政大では毎年、学生センターが「学生生活実態調査」を行っている。2021年度版では、コロナ禍2年目、21年に学生がどのような生活を送り、何を思っているかが、まとめられている。調査担当者は学生に寄り添った思いを発している。21年は対面での授業や課外活動が前年より格段に増えた。したがって、新1年生は、新しい生活の始まりとともに、キャンパスで仲間に接することは一定程度できた。しかし、新2年生は違う。

「2年生の多くは、そういった経験がほとんどないまま上級生となってしまいました。これは1年生の時に様々な経験を積んだ3年生、4年生とも大きく異なっています。新生活の始まりから「失われた1年」を過ごさざるを得なかった2年生たちは、他の学年の学生に比べて深い孤立感に苛まれているのではないか。そのことが個人的にずっと気になっていました」（「2021年度学生生活実態調査報告書」）

残念ながら、「深い孤立感」はこの調査で如実に示されていた。いくつか見てみよう。

〈以下、(1)〜(4)は複数回答が可、(5)〜(7)は「わからない」があり回答の和は100%にはならない〉
(1)「サークル活動に参加していますか」の問い。「参加」と回答＝1年生62・1%、2年生46・0%、3年生51・0%。
このときの2年生(コロナ禍元年でキャンパスに入れなかったときの1年生)は、20年調査において、「参加」が28・8%だったので、増えてはいる。だが、この数字は3年生よりも低い。学年が上がれば忙しくなったり、サークルと合わなくなったりで、参加率は下がる法則はあったが、破られてしまった。
(2)「悩み・不安のある(あった)方に伺います。どの問題についてですか」の問いに、「友人関係」と回答＝1年51・2%、2年55・7%、3年24・1%。
入学時はたくさんの不安をかかえるが、学年が上がることによって少しずつ解消される。しかし、2年生は1年生よりも多い。ということは新入生以上に不安に思っているということだ。同情を禁じ得ない。

法政大の学生生活実態調査報告書には興味深い項目がいくつかある。
(3)「不安、悩みのある(あった)方に伺います。どの問題についてですか」の中身は次のとおり。①進路・就職68・5%、②成績・単位58・6%、③進級・卒業36・7%、④友人関係43・0%、⑤性格・能力29・2%、⑥人生観25・2%、⑦課外活動21・9%、⑧健康18・8%、⑨経済問題17・8%、⑩家族関係8・9%、⑪転部・転籍3・2%、⑫ハラスメント1・4%。

（4）キャンパスで体験した危険なこと。ハラスメント20・0%、ストーカー20・0%、宗教勧誘20・0%、政治セクトの勧誘10・0%、マルチ商法など悪徳商法への誘い10・0%。

法政大は女子学生比率が年々高まっている（128ページ）。ハラスメント20%、ストーカー20%は低い数字ではない。オリエンテーションでこれらが犯罪行為であることを学生に周知させなければならない。法政大が宗教勧誘、政治セクトの勧誘に関する質問項目を掲げたのは、旧統一教会などカルト教団の悪徳商法、新左翼党派である中核派の暴力行為を意識してのことだろう。

それぞれ信仰の自由、思想信条の自由は、キャンパスでも保障されるべきである。あれもダメ、これもダメと、「～する自由」の制限の行き過ぎは、学生の思考、行動を停滞させてしまう恐れがある。違法な集金、暴力そのものは取り締まれるが、宗教の教え、政治セクトの主張は取り締まることはできない。

しかし、そのカルト教団や政治党派が洗脳まがいのことをして学生の人権を蹂躙《じゅうりん》し、まっとうな学生生活を送らせないようにする。そして人を騙してお金を集めたり、監禁して殴ったりするような犯罪行為に加担させる。そのようなことがわかったら、大学は学生を守るためにも、こうしたカルト教団や政治党派に毅然《きぜん》とした態度でのぞみ、キャンパスから出て行ってもらうべきだろう。

学生生活実態調査書を続けよう。全学年の集計である。
（5）学生の住居＝「自宅」72・6％、「自宅外」27・4％。
（6）喫煙習慣＝「ある」2・0％、「ない」97・8％。
（7）大学校歌＝「歌える」15・6％、「歌えない」84・2％。
キャンパスに喫煙スペースはほとんどない。したがって、喫煙習慣は身につきにくい。

大学校歌を「歌えない」比率は前年より高まっている。校歌はスポーツ、式典、ゼミやサークルの集いという場を重ねないと覚えられない。コロナ禍は校歌を暗唱する機会を奪ってしまった。

2020年＝「失われた1年」によって、学生が実りあるキャンパス生活を送れず、満足度は高くなかったことは容易に想像できる。大学にすれば「孤立感に苛まれる」学生の実態を知られたくはない。明るくポジティブな話ではないからだ。それでも調査報告を公表した法政大はすばらしい。隠し事をしないところは信頼できる。もっとも「孤立感に苛まれている」のは、法政大に限った話ではない。早慶MARCHすべて似たり寄ったりであろう。「孤立感」を解消するために、大学は学生に何を提示できるかが問われる。早慶MARCHのような大規模な大学が、学生1人ひとりに面倒見の良さを示すのはむずかしいが、大学の知恵で何とかできるのでは、と筆者は信じている。

（4）明治大——第1志望が年々増えている

キャンパスによって満足度に温度差

明治大の「大学における学びに関するアンケート」では、大学の置かれている状況が示されており、なかなか興味深い。

（1）「受験時の志望順位を教えてください」の問いに、第1志望43・9％、第2志望30・6％、第3志望以下25・5％だった。第1志望は前年より2・4％増えており、1年生

45・5%、2年生43・7%、3年生43・7%、4年生42・6%となっている。

明治大は、多くは「早稲田大のすべり止め」であり、不本意で入学する学生がいる、といわれることがあった。いまでもそのような学生はいるだろうが、第1志望が年々、増えているのは、明治大にとって倍率が高くなる、予備校の難易度が上がることよりも嬉しいだろう。第1志望が増えたのは、学校推薦型、総合型の選抜を受ける志願者が増えた、つまり、初めから明治大を決め打ちする志願者が増えたからだろう。コロナ禍前、18年度に行われたオープンキャンパスでは早慶MARCHのなかでは早稲田大5万9973人に次いで明治大は4万5190人を集めている（「大学ランキング2021」）。女子学生の志願者が増えたことも第1志望率が高まった要因といえる。都内の中高一貫女子校の教諭が話す。

「2000年ごろまでは早慶ではなくミッション系の持つ明るさやはなやかさに惹かれて立教大、青山学院大を第1志望とする女子が少なくありませんでした。今ではこのようにイメージでの大学選びが減って、学べる科目、留学制度、就職実績から、明治大や法政大を第1志望とするようになっています、また、学校推薦型、総合型の選抜で年内に合格を決めたい、浪人は避けたいという心理は、超難関の早慶ではなく明治大合格を最優先に押し上げたのでしょう。偏差値で行きたい大学を選ぶという意識は弱まっており、早慶に行けるレベルも明治大に入っています」

（2）「あなたにとって、所属学部学科の授業科目の体系（カリキュラム）は、学びを進めるにあたって適切ですか」という問いには、肯定的な回答は78・8％あった。一方、否定的な回答のなかには次のような理由が示されていた。

「受けたい授業の時間割が重複していて、履修できない」42・9％
「授業科目の選択肢が少ない」33・2％
「抽選で落選したため、履修できない」30・1％
「希望する進路に関連する科目が少ない」22・1％
「履修した授業科目の内容が難しすぎた」19・9％
「学年ごとの科目の配置が適切ではない」19・5％

明治大の男子学生に話を聞いた。

「受けたい授業を受けられないもどかしさはあります。勉強したいという意欲はかなえてほしい」

大規模大学の弱点である。だが、こうした不満がでることには、学生の学ぶことに対する意欲が感じられ、きわめて健全ではないだろうか。
それは次の問いかけに対する回答の高さにも示される。
「大学に入学して、大学の学びを通じて、自分自身が成長したと思いますか」78・9％
「あなたは、「大学で学びたい」と思ったことを学べていますか」81・3％
「あなたの知人や家族が明治大学への進学を検討していたら、勧めますか」86・5％
こうした明大愛が志願者を上位に押し寄せた要因と言える。
(3) 一方で、キャンパスによっては学生の満足度に温度差があった。「明治大学の施設や教育機材、サービスに満足していますか」の問いへの肯定的な意見では、駿河台キャンパス（法、政治経済、経営、商、文、情報コミュニケーションの6学部3、4年生）と中野キャンパス（国際日本、総合数理の2学部全学年）で違いが見られる。以下、駿河台キャンパス＝駿、中野キャンパス＝中。
①教室・演習室・実験室の広さや机・椅子等の備品＝駿87・0％、中89・9％
②教室・演習室・実験室の設備・プレゼン環境＝駿85・5％、中89・4％
③情報教室＝駿79・3％、中71・8％
④図書館＝駿90・7％、中64・6％

⑤体育施設＝駿78・9％、中40・8％
⑥無線ＬＡＮ等のネットワーク環境＝駿78・4％、中82・6％
⑦学生食堂＝駿66・7％、中58・2％
⑧ラウンジ等のつどいの場＝駿71・9％、中79・1％

駿河台キャンパスのリバティタワーは１９９８年、中野キャンパスの校舎は２００８年に完成している。10年の差は大きい。アメニティーの充実などだ。中野は駿河台で不十分なところを補った設計と見受けられる。ネット利用環境に伴うインフラの整備、少人数授業増加への施設完備は進んでいる。一方で図書館、学生食堂、体育施設は駿河台のほうが満足度は高い。これは多くの学生が使えるためのサービス充実化が図られたためだ。国際日本学部の男子学生が話す。

「図書館は蔵書が少ないので駿河台に行かないとだめ、食堂もメニューが少ない、スポーツ施設が貧弱、という不満はあります。でも中野は駿河台に比べると教室はきれいで、ネット環境も整っている。ただ、学生数が少ないのはさびしい。高校みたいです。他学部と交流ができ、たくさんの学生に囲まれた駿河台で生活したい、というのがホンネです」

中野キャンパス（中野駅）↔駿河台キャンパス（御茶ノ水駅）は乗り換えなしなので、徒歩を含めて30分ほどで行き来できる。それぞれのキャンパスの良さを体感するためには、学部を超えた枠組みで授業を受けられるシステムがあってもいいだろう。

(5) 立教大——「穏やかで人当たりの良い人が多い」

キリスト教の教えに基づく、他者への尊重が感じられる校風

立教大の「卒業後(卒業生)調査 実施結果報告」(2021年度)からも長所、短所が見えてくる。在学中に身についたこととして、「相手を尊重して、相手の意見や立場を理解できる」「異なる価値観を持った人たちと共に活動できる」などが挙がっている。一方で、語学力や専門知識・専門領域に関するライティングなどについては、課題があるという結果が出た。

(1)「他大学出身者と比べて優れていると感じられる点は何ですか」については次の回答があった。

「穏やかで人当たりの良い人が多いこと」

「他者との関わりの中で協調性を持ちつつも、その中でリーダーシップを発揮できる部

分」

「英語を用いたコミュニケーションやプレゼンテーションスキル」

「物事に向き合う姿勢と視点」
（2）「大学時代にもっと学んでおいたほうがよかったと思うこと」について、「英語を含めた語学」「英語のコミュニケーション」「統計学」「会計学」「パソコンやWebの知識」「エクセルの深い知識」などが寄せられている。
（3）大学への意見、要望は次の通り。
「キャリアセンターなどで、どうすれば適性のある職種・価値観の合う企業を選べるのかを学生に教えると助かるのではないかと思います」

「英語が出来る（TOEICで点が取れるとかではなく、ちゃんと話せるという意味で）だけで、格段に仕事の幅や年収が変わるので、その意義を学生のうちに教えて欲しい」

「立大生は人間的には良い人が多いが、競争意識が低いと感じている。就職活動のサポートにより力を入れ、縦の繋がりを活用すべきだと思う」

「しばらく大学に足を運んでいませんが、立教大学の建物、雰囲気が好きです。今後も維持管理をよろしくお願いします」

これはミッション系特有、キリスト教の教えに基づいた、相手に対するリスペクトが高いからだろう。しかし、「穏やかで人当たりの良い」「協調性」という美徳からは、何ごとにも積極的で自己主張を押し出す力が弱いのではないかと評されてしまう。

2018年、立教大総長に郭洋春さんが就任したとき、こんな報道があった。総長の抱負に触れたときである。

「スマートで洗練されているが、おとなしい」と言われる立教大生のイメージを転換するのが目標の一つ。「心の豊かさとリーダーシップをあわせもち、世の中に自ら貢献できる人間を育てる」という建学の精神を重視する」(「朝日新聞」2018年5月26日)

男子学生の「おとなしさ」は青山学院大でも話題になる。ミッション系の宿命であり、変わらないのだろうか。明治大や法政大が女子学生を増やして「硬派」「武骨」「体育会系」を変えていったように、立教大も青山学院大も「おとなしさ」から脱却をはかることはできる。そのポイントの1つとして、前述したようなスポーツ強豪校化があるだろう。

本章では早稲田大、中央大、法政大、明治大、立教大の学生生活実態調査を参考にした。サンプル数が多く、学生のホンネが読み取れるからである。これは受験生に読んでもらいたい。広報的にはプラスにならない材料は含まれている。しかし、とかく美辞麗句であふれた大学案内よりも参考になる。早慶MARCHが積極的に学生生活、学生の意見をまとめた報告書をオープンにすることを強く望む。

第5章　ジェンダー平等への取り組み

キャンパスでのジェンダー平等のあり方について、さまざまな視点から語られている。

本章では、早慶ＭＡＲＣＨのジェンダー平等に関連する最新情報をまとめてみた。女子学生数、大学のジェンダー政策、性暴力根絶への取り組み、性的少数者へのサポートなどである。

1　女子学生の増加

女子学生比率が高まった明治大、中央大、法政大

早慶ＭＡＲＣＨの特徴がわかりやすく示されるデータに女子学生数の在籍者がある。１９５０年代から今日までの女子学生比率の推移をまとめてみた（図表５－１）。

１９７０年代前半まで、明治大、中央大、法政大の女子学生比率は１ケタだった。硬派で武骨な校風、体育会系が盛んなどのイメージが強かったせいか、キャンパスでは男子が幅を利かせており、大学選びで女子高校生が引いたという現実はあったようだ。法律学校が起源で社会科学系学部が多く、まだこの分野で女性が少なかったという背景もある。１

994年、女子の大学進学率は21・0％となり、2割を初めて超えた。この時点で3校は2割に達したかどうかで、男社会が続いていた。

一方、1960年代、青山学院大の女子学生比率は3割、立教大は2割を超えることがあった。ミッションスクールゆえ、キリスト教系女子校から入学者が多かった。なかでも文学部は女性が圧倒しており、1962年には青山学院大86・7％、立教大64・3％となっていた（昼間部のみ）。1970年代前半まで、女性の大学進学率が1ケタだったので、この2校が抜きんでていたことがわかる。1970、80年代、華やかなイメージから上智大を合わせてその頭文字をとって「ＪＡＲ」（ジャル）と呼ばれたこともあった。

早慶における女子学生比率は2000年代前半まで慶應のほうが高かった。要因の1つに附属、系列に慶應義塾女子高校があるからだろう。2001年、早稲田よりも先に3割を超えたのは、同年看護医療学部を設置（他大学との統合）したことによる。

2000年代後半になると早稲田が逆転した。2004年の国際教養学部設置が大きい。同学部の女子学生は6割を超えており、グローバル志向の女性が、男社会だった早稲田を変えたと言える。また、系属、附属の早稲田実業学校が2002年、本庄高等学院が2007年に男女共学になったことも大きい。

青山学院大		立教大		中央大		法政大	
(人)	(%)	(人)	(%)	(人)	(%)	(人)	(%)
1,031	32.5	390	9.4	502	2.9	——	——
1,486	35.4	——	——	568	2.9	——	——
2,060	29.9	981	12.1	823	3.5	671	2.4
2,250	34.8	1,644	16.8	900	3.5	1,665	6.0
3,104	31.7	2,250	22.4	1,732	6.3	2,236	8.1
4,039	32.1	2,625	24.2	2,232	7.0	2,399	8.0
4,215	31.1	2,649	22.3	2,867	7.9	2,579	9.3
5,009	29.7	2,905	23.5	2,995	8.5	2,864	10.2
5,578	31.5	3,113	25.2	3,541	9.9	3,441	11.5
5,644	31.9	3,236	26.7	3,501	10.2	3,490	11.5
4,998	29.3	3,596	30.4	3,080	9.6	3,076	11.0
4,628	26.6	3,441	28.4	3,330	10.6	3,820	14.0
4,722	27.1	3,549	29.1	3,512	11.3	3,929	14.8
6,365	33.5	4,625	38.3	4,592	15.4	5,038	18.5
6,854	35.3	5,011	41.5	5,199	17.7	5,504	20.3
6,878	35.6	5,171	33.8	6,026	19.8	5,591	21.0
7,129	36.6	5,358	41.3	6,997	22.5	6,016	21.8
7,807	40.3	5,891	44.1	7,943	26.3	7,202	25.7
6,583	41.7	6,647	46.2	7,947	30.1	7,362	29.9
6,789	42.6	7,328	48.7	7,905	30.8	8,459	32.8
6,998	44.0	7,419	49.7	7,678	33.5	8,775	33.5
7,025	45.1	7,778	50.5	7,753	32.8	8,987	33.8
7,353	45.5	9,028	51.7	8,604	33.1	9,383	33.6
8,001	45.6	9,824	51.8	8,688	33.8	9,484	33.3
8,242	45.7	10,054	51.6	8,690	34.3	9,210	30.8
8,160	46.8	10,181	51.9	8,779	35.0	9,459	34.7
8,705	49.1	10,377	53.4	9,065	36.5	10,509	36.8
9,069	50.6	10,483	54.0	9,312	37.9	10,983	37.8
9,162	50.5	10,406	54.1	9,523	38.2	10,657	38.6
9,556	50.3	10,715	56.1	9,955	38.3	10,778	39.7

図表5－1
早慶MARCHの女子学生数、女子学生比率の推移

	早稲田大		慶應義塾大		明治大	
年	(人)	(%)	(人)	(%)	(人)	(%)
1954	1,306	5.4	450	4.6	630	3.1
1956	1,433	5.6	642	5.9	665	3.4
1959	1,898	6.2	941	5.6	1,095	3.8
1963	――	――	2,086	9.0	1,280	3.9
1966	3,948	10.4	2,764	11.5	1,917	6.0
1969	3,169	8.7	2,995	12.2	2,145	6.6
1972	3,913	10.6	3,012	12.3	2,546	8.3
1973	4,614	11.4	3,120	12.9	2,880	9.1
1975	5,240	12.7	3,128	13.3	3,165	9.7
1977	5,151	12.7	3,017	13.4	3,183	9.7
1979	――	――	3,189	13.7	2,910	9.4
1984	5,403	13.5	3,827	14.0	3,627	11.2
1985	5,641	14.0	4,082	17.8	3,720	11.7
1989	8,046	18.4	4,791	20.5	4,792	14.5
1991	8,757	20.1	5,760	22.6	5,656	16.5
1993	9,158	21.1	6,618	24.0	6,045	17.9
1995	9,559	22.5	7,173	25.7	6,130	18.8
1998	10,503	24.8	7,663	27.5	6,995	21.6
2000	10,473	25.2	7,983	28.4	6,585	24.1
2002	11,379	27.2	8,483	30.5	7,202	26.4
2004	12,210	29.0	8,774	31.2	7,516	28.0
2006	13,090	30.9	8,874	31.7	7,832	28.7
2008	15,222	33.7	9,295	32.6	8,250	28.9
2010	14,973	34.3	9,332	32.4	8,986	30.0
2012	15,434	35.2	9,404	32.6	9,210	30.8
2014	15,635	36.1	9,898	34.2	9,650	32.3
2016	15,687	37.2	10,247	35.7	10,653	34.4
2018	15,196	37.6	10,532	36.7	10,838	35.3
2020	14,480	37.5	10,619	37.0	10,608	34.9
2022	14,455	38.3	10,355	36.2	10,743	34.1

『螢雪時代』(旺文社)、『大学ランキング』(朝日新聞出版)、大学案内から作成。
罫線は非公表

一方、明治大、中央大、法政大は2000年代に入っていっきに女子学生を増やし、早慶を凌駕《りょうが》してしまった。明治大は女子学生向けのアメニティーが充実したリバティタワーなど、法政大は田中優子総長の女子高校生への呼びかけが大きいと高校や予備校は見ているが、ほかにも女性の社会進出といった労働環境や産業構造の変化などさまざまな要因がある。具体的に見てみよう。

女子学生の大学進学率が上昇

女子の大学進学率は1972年まで1ケタ台だった。大学進学者は高校時代に成績優秀とは限らない。家庭の事情で進学をあきらめた女性が少なからずいたからである。かつて経済的に困窮している、「女は大学に行くべきではない」という親の方針などを理由に、高校を卒業して就職した女性は一定程度いた。1960年代、石川県立金沢泉丘高校、香川県立高松高校、鹿児島県立鶴丸高校など県内トップの進学校でも女子生徒は大学ではなく、地元の金融、メーカーなど有名企業に就職した者がいた。しかし、1970年代以降、こうした考え方は少なくなっていく。大卒でなければ希望する仕事に就けない、奨学金を活用して進学する、という考え方が広まったことで、進学先として早慶MARCHが選ばれるようになった。

学部増加

最近20年（2003年以降）、学部増設、他大学との統合で定員枠は広がり、その分は女子学生が多く占めるようになった（図表5－2）。たとえば、青山学院大新設6学部中5学部の7割前後は女子である。

明治大情報コミュニケーション学部も女子比率は44・6％。同学部を2014年に卒業し、現在、サントリーに勤務する女性がふり返る。

「情コミでは今までの常識に囚われることなく、「どんな小さな疑問でも学問にできる！」ということを実感しました。常識にとらわれず、やりたいことをまずは提案してみる。それは社会に出ても大切なことだと改めて実感しています。情コミは「自由」な学部です。必死で何かに取り組んでみたい！そう思うのであれば是非、情コミへ！」（明治大ウェブサイト）

図表5－2　早慶MARCH、学部系統別の女子学生数、女子学生比率（2022年）

【法】

大学	学部	（人）	（%）
早稲田大	法	1,205	38.1
慶應義塾大	法	2,167	42.0
明治大	法	1,241	33.4
青山学院大	法	1,045	48.9
立教大	法	1,198	48.8
中央大	法	2,478	43.2
法政大	法	1,468	42.7

【経済】

大学	学部	（人）	（%）
早稲田大	政治経済	1,337	34.5
慶應義塾大	経済	1,281	24.5
明治大	政治経済	1,303	28.0
青山学院大	経済	761	32.7
青山学院大	国際政治経済	670	51.6
立教大	経済	1,142	40.8
中央大	経済	1,362	30.2
法政大	経済	955	25.7

【経営、商】

大学	学部	（人）	（%）
早稲田大	商	1,260	32.9
慶應義塾大	商	1,291	29.4
明治大	商	1,379	30.1
明治大	経営	909	30.0
青山学院大	経営	1,076	47.9
立教大	経営	802	50.5
中央大	商	1,504	34.8
法政大	経営	1,142	36.1

【政策、情報】

大学	学部	(人)	(%)
慶應義塾大	総合政策	808	40.9
明治大	情報コミュニケーション	990	44.6
青山学院大	総合文化政策	753	69.6
青山学院大	社会情報	384	42.3
立教大	観光	1,008	65.4
中央大	総合政策	675	54.6
法政大	情報科学	134	20.9

【文】

大学	学部	(人)	(%)
早稲田大	文	1,448	51.2
慶應義塾大	文	1,983	55.9
明治大	文	1,828	46.9
青山学院大	文	2,230	70.1
立教大	文	2,438	66.2
中央大	文	2,304	54.2
法政大	文	1,490	52.4

【教育、福祉、人間】

大学	学部	(人)	(%)
早稲田大	教育	1,549	38.0
早稲田大	人間科学	946	40.1
青山学院大	教育人間科学	873	69.6
青山学院大	コミュニティ人間科学	677	68.3
立教大	コミュニティ福祉	1,022	60.7
法政大	人間環境	704	48.8
法政大	キャリアデザイン	736	58.8
法政大	現代福祉	563	57.8

【社会、文化、心理】

大学	学部	(人)	(%)
早稲田大	文化構想	2,136	57.7
早稲田大	社会科学	876	32.6
立教大	異文化コミュニケーション	419	66.9
立教大	社会	1,301	60.6
立教大	現代心理	967	73.6
法政大	社会	1,298	41.5

【国際】

大学	学部	(人)	(%)
早稲田大	国際教養	1,477	60.1
明治大	国際日本	1,017	61.8
青山学院大	地球社会共生	563	70.8
立教大	GLAP	56	70.0
中央大	国際経営	516	44.0
中央大	国際情報	256	43.0
法政大	国際文化	729	70.0
法政大	グローバル教養	288	68.4

【理、理工】

大学	学部	(人)	(%)
早稲田大	基幹理工	420	17.1
早稲田大	創造理工	625	25.3
早稲田大	先進理工	629	28.1
慶應義塾大	理工	836	20.7
明治大	理工	687	16.4
明治大	農	1,160	48.0
明治大	総合数理	229	19.5
青山学院大	理工	524	18.9
立教大	理	362	30.6
中央大	理工	860	20.7
法政大	デザイン工	388	32.4
法政大	理工	309	13.7
法政大	生命科学	357	39.7

【医、薬、看護、スポーツ】

大学	学部	(人)	(%)
早稲田大	スポーツ科学	547	33.1
慶應義塾大	医	182	27.0
慶應義塾大	環境情報	751	37.2
慶應義塾大	看護医療	421	95.0
慶應義塾大	薬	635	55.2
法政大	スポーツ健康	217	30.2

都心のキャンパスに学部を新設、学部を移転

青山学院大が青山キャンパスに総合文化政策学部（2008年）と教育人間科学部（2009年）、中央大が市ヶ谷に国際情報学部（2019年）、明治大が中野に国際日本学部（2008年）、立教大が池袋に異文化コミュニケーション学部（2008年）を設置するなど、都心にキャンパスがあることで関東近辺から通いやすくなった。また、青山学院大が文系学部を相模原から青山に移転（2013年）したことも大きい。北関東在住の女子が自宅から通学できるようになった。

青山学院大総合文化政策学部の女子学生（2020年度学業成績最優秀賞受賞）がこう記している。

「中学生の頃に、「ラボ・アトリエ実習」など企業等外部機関と連携して、創造の現場で企画を立案・実行する授業がある青山学院大学の総合文化政策学部を知り、楽しく学べそうだと思い志望しました。期待通りに日々充実していて、まさに自分にぴったりの大好きな学部です。都市や芸術に関する分野を学んだり、メディアや企業と連携してプロジェクトを進めることも多く、渋谷・表参道エリアというキャンパスの立地も強みです。まさに

「青学らしい学部」と言えます」（青山学院大ウェブサイト）

法、経済、経営、商学部系を志望する女子の増加

ビジネスで世界を駆けめぐりたい。起業したい。法曹の仕事に就いて弱者を救いたい。自己実現のためには法、経済、経営、商学部系を志望する女性が増えた。早稲田大商学部の女子学生がこう話している。

「学業面では、いつも生の声を聞くことを大切にしていました。「イスラーム社会の歴史と文化」（商学部設置科目）のビジネスを立案する課題では、ハラールフードの宅配サービスがあったらと考え、食材宅配サービスを提供する企業に電話で取材をしたり、「保険論」（商学部設置科目）のレポートでは、直接生命保険の説明を受けるために相談窓口に足を運んだりと、積極的に話を聞くようにしました」（「早稲田ウィークリー」2022年10月4日）

グローバル系に関心を寄せる女子が多い

早慶ＭＡＲＣＨの国際系学部9校のうち6校は女子比率6割を超えている。上位は青山

学院大地球社会共生学部70・8％、立教大GLAP（Global Liberal Arts Program）70・0％、法政大国際文化学部70・0％、法政大グローバル教養学部68・4％、明治大国際日本学部61・8％となっている。青山学院大地球共生社会学部の女子学生がこう話す。

「必修科目のひとつである「キリスト教概論」ではキリスト教の教えについて学ぶだけでなく、新型コロナウイルスが及ぼす国際関係の課題など社会的な事象をキリスト教の教養を通して見つめ直すことで、新たな視点を得られました。そうした気付きから、ニュースや日常の問題を客観的にとらえ、その背景に思いを馳せるようになりました。自分にとって大切な考え方や生きていく上での教訓を得られたと感じています」（青山学院大地球共生学部ウェブサイト）

立教大異文化コミュニケーション学部は、海外の異文化との交流という点では国際系に近い。自分と異なる考えを持つ他者との向き合い方、価値観の違いを生み出す文化や社会背景に対する理解、多様性や違いを前提に他者と共に生きる方法、平和と豊かさをつくりだす政策などを学ぶ。2018年に同学部を卒業した女子学生は、アフリカ、モザンビーク共和国にて国連ユースボランティアの一員となり、5カ月間、広報官として働いていた。次のようなレポートを送る。

「同じオフィスにいた同僚たちのプロ意識に刺激され、常に彼らに追いつこうとしている自分がいました。国連機関で働く人々が抱える熱意や葛藤を実際に目の当たりにすることで、今まで手の届かないような存在であった国連が、一気に人間味を増して身近に捉えることができました。組織の一員になることによって、「国連」への固定概念が覆され、「国連職員」と「日本人大学生」という異文化のぶつかり合いも経験できたように思います。国連ユースボランティアの経験を通して、自分の立ち位置と、目標である国際機関で働く自分との距離を明確に測ることができました」

自然科学、工学系志望の女子が増加

全般的に女子学生は増えたが、学科によってはバラツキが見られる。建築、化学、生物系は3割を超えるところがある。数学や物理は1~2割、機械、電気系は1ケタ台のところがある。明治大理工学部機械工学科6・4%、建築学科30・5%、数学科14・1%、物理学科13・0%、応用化学科30・9%。法政大機械工学科11・8%、電子電気工学科7・0%、デザイン工学部建築学科34・8%となっている。

明治大工学部応用化学科で光触媒を扱った研究に取り組む女子学生は、より効果的に水素を取り出し、活性化させるためにどのようにしたらよいかというテーマに挑む。

「石油や化石燃料など温暖化について世界的に問題となっていますが、光触媒の水の分解の活性が上がれば、将来的に水素をクリーンに製造できるようなものができます。地球環境の改善に役立つ研究に魅力を感じています」（「明治大学　理系女子の〝キャンパスライフ〟をのぞいてみよう」明治大学男女共同参画推進センター）

女子学生に受け入れを積極的にアピールした

2022年4月、法政大の前総長・田中優子さんが母校である清泉女学院中学高校（神奈川県）で講演を行った。テーマは「大学はどういうところか」「女性が自由を生き抜くために」である。同校はその様子を次のように紹介した。

「法政大学憲章「自由を生き抜く実践知」について、ご自身の学びの経験をもとにお話ししてくださいました。また、現代社会において女性が「自由を生きていく」ためにどのような視点をもつとよいかを、わかりやすく生徒に伝えてくださいました。講演会の後には、有志の生徒と座談会が開かれ、夢を語る生徒たちに正面から向き合ってくださいました」

（清泉女学院ウェブサイト　4月25日）

田中さんは法政大総長を2014年から2020年まで務めた。この間、多くのメディアに登場してさまざまな発言を行っている。特定秘密保護法、安保関連法案、日本学術会議任命拒否問題に異を唱えるなどリベラルな考え方を打ち出してきた。それが、女子高校生および保護者（母親）に受け入れられた、つまり田中優子人気で女子の進学者が増えたのではないかと言われている。これを証明する手立てはないが、田中さんは総長時代、女子高校生に向けて女性のさまざまな生き方を示し、法政大が女性のキャリア形成につながる教育を行っていることをアピールしてきたのは確かだ。法政大以外の6大学ではできない芸当であり、意義が大きい。

1998年、明治大に新校舎リバティタワーが誕生した。女子学生を意識したアメニティーが整備されており、なかでもトイレには力を入れている。個室トイレは1階に約30個、そのほか各階に約6個が備わっている。他大学が平均3～4個なのに比べると多さが際立つ。洗面台数がたくさんあるので混雑しない。そして特筆すべきは1階に設置されたパウダールーム（化粧室）である。女子学生数を押し上げた要因はアメニティーにあるのかといえば、こちらも証明はむずかしい。ただ、オープンキャンパス見学で他大学、とくに女子大とくらべて、女性用施設に遜色がないところは、女子高校生のハートを摑んだといえる。

2022年明治大合格者数高校別の上位校で進学実績が高い女子校は、洗足《せんぞく》学園女子144人、頌栄《しょうえい》女子学院137人、鷗友《おうゆう》学園女子118人、豊島岡《としまがおか》女子学園111人、浦和第一女子110人、女子学院101人、フェリス女学院91人となっている。なるほど、明治大の女子人気は本物である。

入試の多様化

学校推薦型選抜(旧・推薦入試)、総合型選抜(旧・AO入試)の受け入れ枠が増えたことで、現役の成績優秀な女性入学者が増えた。また、一般選抜(旧・一般入試)では、明治大や法政大などで「全学部統一入試」という複数学部(当時)を共通の試験問題で受験する制度を導入し、女性に多く受験してもらうことに成功した。

入学定員、成績管理の厳格化

早稲田大の学生数の推移を男女別、合計でみると、驚くべきことがわかる。2002年の女子は1万2719人、全学合計は4万4576人。2022年になると女子は1万4967人、全学合計は3万8658人。20年で学生数は約6000人減ったのに、女子は約2000人も増えている。入学者で優秀な女子が増えたことは明らかだが、在学生で成績不振（単位未取得）による退学者は男子が多く女子が少ないことが想像できる。早慶MARCHいずれも1990年代に比べれば成績、出席が厳しく問われるようになったことが大きい。

東京大よりも早慶志向

東京大を受験すれば合格できるレベルでありながら、早慶に入学する女子が少数だが見られる。東京大にさほど魅力を感じず、早々と早慶を志望する、なかには中学受験で早慶の附属、系列校に女子が進んでしまうケースだ。これらはエビデンスがあるわけではないが、進学校、予備校、そして早慶関係者から、「東京大に入学してもおかしくない女子」は必ずいるという。こう考えると、東京大の女子学生比率が2割そこそこなことに納得がいく。東京大より早慶を選んだといっても、合理性に欠ける話ではない。

女子大よりも共学、早慶MARCHを選ぶ女子が増加

女子大の難関校である津田塾大、東京女子大、日本女子大（以下、「3女子大」）のどれか

図表5－3 中高一貫進学校（女子校）の早慶MARCH進学者実績〈2022年〉

【鷗友学園女子高校】

大学	（人）
早稲田大	20
慶應義塾大	15
明治大	14
青山学院大	7
立教大	6
中央大	3
法政大	3

【豊島岡女子学園高校】

大学	（人）
早稲田大	40
慶應義塾大	32
明治大	6
青山学院大	2
立教大	5
中央大	7
法政大	3

【吉祥女子高校】

大学	（人）
早稲田大	27
慶應義塾大	30
明治大	16
青山学院大	10
立教大	8
中央大	5
法政大	5

【白百合学園高校】

大学	（人）
早稲田大	15
慶應義塾大	25
明治大	2
青山学院大	5
立教大	2
中央大	2
法政大	0

各校ウェブサイトから作成

と、早慶ＭＡＲＣＨのいずれかにダブル合格した際、女子大を選ぶ女性が少なくなった、という現実がある（大手予備校調べ）。昭和のころ、早慶に合格しても津田塾大に進んだというケースがあった。それほど3女子大はブランド力があった。また、難関校進学実績が高い女子校から3女子大に進学するケースが多く見られたが、いまは様変わりした。

鷗友学園女子、吉祥女子、豊島岡女子学園、白百合学園の早慶ＭＡＲＣＨと3女子大

の進学者実績（2022年度）をまとめた（図表5－3）。女子大学を避けて早慶MARCHで男子学生と切磋琢磨《せっさたくま》したいという思いもあっただろうが、学びたい分野が3女子大になかったことに加え、将来就きたい職業への実績があり早慶MARCHを選んだといっていい。かつて、「女子大でなければ大学に行かせない」という保護者がいた。そんな保守的な考えもすっかりなくなった。3女子大には厳しい現実だが、難易度も1990年代までは早慶と並ぶ勢いはあったものの、いまは学部によってはMARCHに届かなくなっている。

短大、専門学校より四年制大学、早慶MARCHを目指す女子が増加

これまで英語を習得したい、簿記や会計を学びたい、接客サービスを身につけたいと考えていた女性は、外国語、簿記、ビジネス系の短大、専門学校に通うケースが見られた。

航空会社のキャビンアテンダント（CA）志望の女性は専門学校や短大ではなく、航空会社の就職に実績がある大学を目指している。青山学院大では2000年代から、エアラインセミナーが行われている。同セミナーを受講してJALのCAになった卒業生はこう話す。

「業界の最新情報から、航空会社別の働き方の違い、キャリア形成まで、実践的内容で、必要なことが十分に身につきました。親身に相談にのってくださった担当の方から「万一面接に落ちても、そのたびに人間性が上がる」という言葉には就職活動の支えになりました」(「青山学院大大学案内2008」)

2 大学ミスコンの温度差

ミスコンを開催した慶應、青学、立教、中央、明治

2020年代に入ってコロナ禍でリアルな大学祭が行われないなか、大学ミスコンに対する熱気は下火になったのではと思われがちだが、そんなことはなかった。SNSによる動画配信、投票などで盛り上がっている大学はある。一方、ジェンダー平等、ルッキズム(外見主義)への疑問、性の多様性尊重から旧来型のミスコンをやめたところもある。上智大、東京女子大などだ。

2022年、早慶MARCHで大学ミスコンは行われたのだろうか。つぎのように分か

れた。

◆開催：慶應義塾大、青山学院大、立教大、中央大、明治大

◆非開催：早稲田大、法政大

具体的にはどういう状況になっているのか。開催校からみてみよう。

まず慶應義塾大である。2022年、「ミス慶應コンテスト」「ミス慶應キャンパスコンテスト」の2つが行われた。

「ミス慶應コンテスト」は1970年代から続いており、多くのアナウンサーを送り出してきた。しかし、2016年主催者の広告学研究会が女子学生に対する性暴力事件を起こしてしまう。大学は看過できず広告学研究会に解散命令を出し、同年の「ミス慶應」は中止となった。しかし、翌年には学生有志で再開される。2019年には、2つの団体が慶應ミスコンを企画したが、のちに一団体が取りやめるというゴタゴタがあった。

大学はこうした状況をかなり気にしていた。当時、こんな告知を出している。

「「ミス慶應」等を標榜するコンテストについて

近年、学外において、「ミス慶應」あるいはそれに類する名称を掲げたコンテストが開催されていますが、それらを運営する団体は本学の公認学生団体ではなく、コンテスト自

体も慶應義塾とは一切関わりがありません。

しかしながら、それらのコンテストには本学の学生も参加しており、一部報道に見られるようなトラブルも発生しています。本学はこうした事態を深く憂慮しており、状況によって今後の対応を検討していきたいと考えます。

塾生諸君へ

この件に限らず、塾生諸君には、さまざまなトラブルに巻き込まれることのないよう十分に注意するよう望みます。何か困ったことがあれば、所属キャンパス学生生活担当窓口に遠慮なく相談してください」（慶應義塾大学ウェブサイト2019年9月30日）

大学としては、これまでミスコンを「一切関わりがありません」という立場から、無視していた。しかし、慶應のミスコンはブランド力を持ちすぎてしまった。大学教育や研究の中身よりも、大学があずかり知らぬ課外イベントのほうが社会的に注目される。おまけに週刊誌、ネットでネタになるような騒ぎを引き起こしてしまう。そのたびに大学へ問い合わせがくる。でも、対応のしようがない。慶應義塾大はミスコンを無視したいところだが、そうもいかなくなったというのが、この告知から伝わってくる。「憂慮」という言い方には、「トラブル」を防ぐというリスクマネジメントが読みとれる。不祥事を起こさないようにと警鐘を鳴らしたといっていい。

2022年に話をもどそう。慶應義塾大のもう1つのミスコン、「ミス慶應キャンパスコンテスト」はこう宣言している。

「今年度から始動しました当ミス慶應キャンパスコンテストは、2018年より開催の始まったミス慶應コンテスト及び、それ以前に慶應広告研究会により行われておりましたミス慶応コンテストとは一切関係のないコンテストであり、運営する団体も全く異なります。当コンテストは、美の価値観が多様化する昨今において、個々人が持つ様々な美しさを表現し、その先にある夢や目標を実現するためのコンテストとして発足致しました。従来のミスコンテストで評価されるような一様の基準に留まらない、新しい価値観を提示できるようなコンテストを目標として活動していきますので、既存のコンテストとは性質の異なるものとして皆様にはご認識頂けますと幸いです」(ミス慶應キャンパスコンテストウェブサイト)

大学ミスコンが外見主義という批判を受けていることを意識した開催趣旨だが、慶應というブランドにこだわりを持ちつつも、「新しい価値観」の具体的な中身が見えない。

大学で2団体がミスコンを行うことについて、「慶應塾生新聞」はこう伝えた。

「「ミス慶應コンテスト2022」実行委員会は「ミス慶應キャンパスコンテスト」について、「開催についてはSNSにて把握しているが、主催団体その他の情報については全く認知していない」とし、「開催に関する事前の連絡や相談等も一切なかった」と答えた。ミスコンテストが2つ存在することについては、「4年連続で継続して開催しており、「ミス慶應コンテスト」として世間的にも認知されていると考えている」と答え、コンテストへの影響は否定した」（「慶應塾生新聞」2022年5月1日）

青山学院大のミスコンはこれまで大きなトラブルもなく、有名なアナウンサーを生み出しながら今日まで続けている。だが、2022年から主催者が大学公認サークルから学生有志に変わった。「青山ミスコンは「青山学院大学学友会広告研究会」より当該コンテンツを独立させる運びとなりました。今年度より、青山学院大学とは無関係の学生団体「ミスミスター青山コンテスト実行委員会」が運営していくこととなります」

慶應義塾大同様、学生が大学の名前を使って勝手にミスコンを開いており、大学祭でのお披露目はない。にもかかわらず、「青山ミスコンは今年で47回目を迎え、数々のアナウンサー、女優、モデル、アーティストが誕生しております」と自慢する。2022年目のテーマは「ｐｒ·ｉｓｍ」だ。その意味について、主催者はこう説明する。

「プリズムでは様々な色が発生するが、色んな性格の子が、コンテストを通して様々な色を手に入れ、それぞれの道に進んで行って欲しい。異なる経歴をもつ子達ですが、1度同じ舞台に立つ、つまり色んな方向のひかりが1度は集い、また分散していく、その通過点となるものにこのコンテストがなって欲しい。そんな運営としての願いを込めた」

ミス青山をステップに輝いてほしい、と言わんばかりだ。大学生を「子」と表現するところに稚拙感が出ている。

中央大もミスコン主催者は大学公認団体ではない。学生有志のサークル「RP」が運営し、こう訴えている。

「無限の可能性を秘めたファイナリストが目醒め、芽吹き、銘を打つシーンにスポットライトを当て想像を超えるような舞台を創り上げる」

昭和のバブル期と思わせるようなハデな宣伝文句を並べている。

明治大は大学ミスコン運営のサポート会社のウェブサイトで「Meiji Contest」が告知されているが、大学祭などの表舞台には登場していない。

立教大が唯一、大学公認団体、広告学研究会の主催となる。「出場者・運営ともに自身の個性や魅力を発揮し、それを発信していくだけでなく、互いにその個性や意見を尊重し、思いやりの心を忘れずに活動して欲しいという思いを込めたコンセプトとなっております」とうたうのは、多様性への尊重を意識してのことだろう。

なお、慶應義塾大、中央大のミスコンはコンテスト正式名称のあとに「supported by リゼクリニック」（同社ウェブサイト）がつく。リゼクリニックは「全国24院を展開する医療脱毛専門クリニック」であり、大学ミスコンの有力なスポンサーの1つだ。ミスコンのグランプリには賞金20万円、全身医療脱毛30万円相当、ファッション誌「CanCam」の掲載権を与えている。医療脱毛のクリニックとしては学生を利用できると考えたわけだ。一方で、「気持ち悪さを感じる」とミスコンファイナリストを辞退した学生がいる。

ミスコン非開催の早稲田、法政

ミスコン非開催の大学を見てみよう。

まず早稲田大である。1980年代から、「ミス早稲田」を標榜するコンテストが開催されていた。水着審査を行うことでも知られていた。2003年、早稲田大の学生サークル「スーパーフリー」による集団強姦事件が発覚する。首謀者が退学処分となった7月1日、大隈講堂では、ミス早稲田キャンパスアイドルコンテストが開催された。同コンテストでは候補者7人が浴衣、水着で登場する。水着のまま「尻相撲」を行い、スーパーフリー首謀者の名前を冠したゲームが行われた。腰に万歩計をつけて体をくねらして、10分間で万歩計の数が多かった候補者が優勝するという趣向だった。性行為を連想させることもあって、学内外で大問題となり批判が殺到する。大学は「事件を想起させる不適切な企画があった」として、これを機に「早稲田」と名のつくミスコンはいっさい禁止されたと言われている。学生部は取材に応じこう話している。

「きちんとした審査員がいるわけでもなく、容姿で女性を選ぶのは、どんな口実をつけてもダメです」(「朝日新聞」2009年11月16日)

2019年、法政大がミスコン、ミスターコンに「ノー」を突きつけた。ウェブサイトで大学施設を使ったコンテストを認めないと、次のように宣言したのである。

「本学では、2016年6月に「ダイバーシティ宣言」を行いましたが、ダイバーシティの基調をなすのは「多様な人格への敬意」にほかなりません。「ミス/ミスターコンテスト」のように主観に基づいて人を順位付けする行為は、「多様な人格への敬意」と相反するものであり、容認できるものではありません。(略)いかなる主催団体においても「ミス/ミスターコンテスト」等のイベントについては、本学施設を利用しての開催は一切容認

されないものであることをご承知おきください」（法政大ウェブサイト2019年11月29日）

大学がミスコン、ミスターコン開催の是非について見解を示すのは、きわめてめずらしい。そもそも、コンテストは大学祭などで学生が企画、運営するものであり、基本的に大学側は口を挟んだりしないものである。

しかし、法政大は違った。「ダイバーシティ宣言」（2016年6月8日）をいわば適用させたのである。同宣言には、「性別、年齢、国籍、人種、民族、文化、宗教、障がい、性的少数者であることなどを理由とする差別がないことはもとより、これらの相違を個性として尊重する」という一節がある。これに照らし合わせると、ミスコン、ミスターコンは「主観に基づいて人を順位付け」するもので、「相違を個性として尊重する」という理念に反しており看過できない。法政大はこう言いたかった。

当時、法政大総長だった田中優子さん。「ミスコン」について、こう話している。

「そもそも生き物は男と女しかいないわけではない。ダイバーシティ宣言の中にも「LGBT」という言葉が据えられているように、性の多様性は社会の中でもはっきりとしてきたことだ。それなのに、なぜ「ミスとミスター」なのか。また、美醜についての判断は文化によるものである。例えば、戦後の女性雑誌の表紙の多くが白人女性だった。これは人種に基づいた極めて偏った基準で、優生思想だといえる。容姿だけでない様々な基準での審査は面白いかもしれないが、しょせん人の生きてきた全てを比べることはできない。比べられないことこそがダイバーシティなのであり、それを大切にしなければならない。それなのに、学生のミス・ミスターが選出されると「この人が美しい」というある種の教育を受けることになってしまう。学生たちは、自分の個性に自信を持つことが必要である。個性を理解し自信を持つことで成長できるからだ。「ミス／ミスターコン」に限らず、ランク付けはいかなる場合でも非常に注意深く対応しなくてはならない」（「法政大學新聞」2020年4月20日号）

3　性暴力をなくす、性的同意を啓発する

大学で起きた女子学生の性被害

残念なケースから記さなければならない。

2018年9～11月、慶應義塾大の学生が3カ月のあいだで5人逮捕された。1つの事

件ではない。4つの別々な事件だ。大麻取締法違反、電車内で痴漢をしたあと線路に降りて逃走した東京都迷惑防止条例違反と威力業務妨害の疑い、準強制性交の疑い、準強制わいせつと昏睡強盗である。いずれもメディアで大学名、学生の名前が公にされてしまう。

さすがに慶應義塾大は見過ごすわけにはいかなかった。ウェブサイトでこう声明を出した。

「本大学の学生が逮捕されるという事案が、複数件発生していることは誠に遺憾です。今後大学としても各事案について事実関係を確認し、厳正に対処する所存です。また、一部の学生の不祥事によって、多くの方々に多大なご心配とご迷惑をおかけしていることは慚愧に耐えません。言うまでもなく、犯罪は断じて許されない恥ずべき行為であり、慶應義塾の気品を損ね、多くの方々の慶應義塾への信頼を裏切る行為です。塾生諸君には、「気品の泉源」「智徳の模範」を標榜する慶應義塾の塾生であることを自覚して、責任ある独立した個人として行動し、勉学に励み続けることを心から望みます」（慶應義塾ウェブサイト2018年11月20日）

こうした不祥事続きに慶應義塾大の学生は危機感を抱いた。

2021年、慶應義塾大では学生グループ「Safe Campus Keio」「Voice Up Japan慶

應文部」が、「SEXUAL CONSENT HANDBOOK」（以下、「ハンドブック」）を作成し、あらゆる性暴力を根絶すべきである、性的な行為は相手の同意（性的同意）を得なければならない、そして、大学はこうした性をめぐる問題を学生にしっかり啓発すべきである――と訴えた。

性暴力とは強姦や痴漢などの犯罪行為だけを意味するものではなく、次のようなものも含まれる。①性差別・性的なコメントや質問、冗談をいう。②性・ジェンダー・セクシュアリティをもとに根拠のない決めつけをする。③歓迎していないスキンシップをとる（からだを触る、ハグ、キス、通り道をブロックするなど）。④デートやセックスをせがむ。⑤不適切な性的な内容を、メールや、留守番電話、ソーシャルメディアでいう。⑥不快に思わせるほどじっとみつめる。⑦同意なしにセックスをする。

ハンドブックには性暴力、性的同意の実態把握のために大学関係者（学生、職員、卒業生）への調査が掲載されている（2020年9月10日〜10月10日調査。「Google Form」にて回答数は325件）。これによれば、第三者が性暴力やセクハラとみられる行動が起こっているのを見聞きすることがあったか問う質問に約2割（18・5％）が「ある」という回答だった。性暴力が起こった場所をたずねたところ、「性的発言・性的なジョーク」の60％、

「同意なく体を触られる」の80％、「同意のない性行為」の77％が「飲み会の場」で発生していたことがわかった。また、性的発言や性的なジョークの多くが、授業中にも起こっていることが判明した。

また、ハンドブックでは、「性的同意」を得ることの意味、必要性を理解するために、誰かに紅茶を淹れる場面を例にとって考えさせる動画へのリンクが貼ってある。紅茶がほしくない人、最初は飲むと言ったけれどやっぱり飲みたくないと気分が変わった人に無理やりお茶を飲ませない、飲ませてはいけない。紅茶を今日飲んでいるからといって、明日も飲みたいわけではない。性行為も同じで、気分はいつでも変わるものだ。いつも性行為が「ＹＥＳ」というわけではない。紅茶を飲みたくない人＝性的な行為をしたくない人に対して、無理にせまってはいけない――というものだ。ハンドブックでは性的同意のあり方をわかりやすく解説している。

明治大において、「Voice Up Japan 明治支部」の学生が大学関係者へ性被害に関する調査を行っている（「明治大学関係者における性被害・目撃経験のアンケート」回答536件（教職員14件／学生522件）。調査期間2021年6月1〜30日）。

この調査によれば、性被害者数は164人となっていた（全回答者数536人――「入学・勤務してから今までそういった経験はなかった」という回答者372人）。

その内容は次のとおり。

①性差別・性的なコメントや質問、冗談をいう。99人（18・5％）

②性・ジェンダー・セクシュアリティをもとに根拠のない決めつけをする。76人（14・2％）

③歓迎していないスキンシップをとる（からだを触る、ハグ、キス、通り道をブロックするなど）。68人（12・7％）

④デートやセックスをせがむ。37人（6・9％）

⑤不適切な性的な内容を、メールや、留守番電話、ソーシャルメディアでいう。24人（4・5％）

⑥不快に思わせるほどじっとみつめる。23人（4・3％）

⑦同意なしにセックスをする。8人（1・5％）

性被害にあった具体例は次のように記されている。

「教授が授業内で、自分が教え子に対して早く子どもを作るように冗談で言ったと言う話をした。また同じ教授が、「周りを見渡してみなさい、女子は男子を選びたい放題でしょう」などと、周囲の見知らぬ人どうしで男女関係を強制的に意識させるような発言をして、非常に不快だった」

「教員になりたての頃、別の教員から大学の中で通りすがりに、背中のブラジャーの留め金のところを触られました。でも、怖くて誰にも言えなかったです。今でも思い出すたびに不愉快を感じています。学生にも同じようなことをしていないか、不安です」

この結果を受けて、「Voice Up Japan明治支部」では次のように訴えている。

「性差別や性的な冗談が許されないことであると捉えられていない可能性があること、そしてジェンダーに関する知識が少ない大学関係者がいることがわかりました。さらに、歓迎されていないスキンシップ（ボディーコンタクト）や同意のないセックスが発生しているという事実は、あってはならないことであり、性暴力のない大学・職場環境の実現に向けて必ず改善がなされるべき点です」

前記2大学の学生グループについて説明しておこう。「Voice Up Japan」とは、2019年、「週刊SPA!」掲載の「ヤレる女子大生ランキング」に対しchange.orgで署名を集め、抗議した山本和奈さん（当時、国際基督教大の学生）によって設立された。全国の大学に支部を持ち、性差別や性暴力をなくす運動に取り組んでいる。

慶應義塾大、明治大における、学生の性暴力根絶、性的同意啓発への取り組みを紹介した。2大学での性暴力の実態を暴くために記したのではない。性暴力、性的同意というテーマに取り組み、広く訴える学生がいることのすばらしさを伝えたかった。このあたり、数字の読み取り方に注意してほしい。

しかし、残念ながら、大学はこの問題をきちんと受け止めてはいない。性暴力、性的同意を考える学生たちは大学が入学時オリエンテーションや必修科目などでこうした問題を取り上げることを強く求めている。早慶MARCHのなかでいちばん早く性の問題に取り組んでいる大学こそ、学生が安心して通えるキャンパスといえよう。

4 「男性学」の提起

男性の生きづらさについて考える

一方、ジェンダー平等では、男性のあり方、いわゆる「男性性」についての問題も提起されている。「強く、たくましくなければならない」「集団を引っ張っていかなければならない」「家族を養わなければならない」と、「男らしさ」が規定されることがある。日本では長く家父長制度の歴史が続き、いまだにその発想が抜けきれない人たちがいる。これらはジェンダー平等の観点からも見過ごすことはできない。

ジェンダー研究分野において「男性学」という項目がある。男性の役割、「男らしさ」とは何かを考える。しかし、この分野を専門とする大学教員はきわめて少ない。著名なところでは、関西大学教授の多賀太さん、大妻女子大准教授の田中俊之さんである。

早慶MARCHにいける教員の取り組みをみてみよう。

早稲田大教育学部教授の和氣《わけ》一成《いっせい》さんが「男性学」に取り組んでいた。社会的に理想とされる、あるいはされない「男性性」の変遷とその社会、歴史的背景を考察する。「侍、武士道」から歴史を背景に読み解く男性性、「北斗の拳」「サザエさん」などメディア表象にみる男性性や、「男の脱毛はもう常識！」「男性力アップ」「40歳からの肉体改造」などのフレーズがおどる「メンズ脱毛サロンの広告の分析」を通してみる男性性などについて、取り上げたことがあった。また、男性の自殺率の高さ、「婚活」プレッシャー、「イクメン」への称賛、介護に取り組む「ケアメン」などから、男性の生きづらさについても考える。和氣さんが、以前、講義内容についてこう説明していた。

「『24時間戦い』、勝負に勝たなければならない、弱音を吐かず女性を引っ張っていく強くてたくましい戦士の男性像から、『24時間戦うのはしんどい』と自身のつらさを吐露し弱音を吐けるようになってきた今日、従来の男性性の呪縛からは解放され、多様化していく男性性のカテゴリー、「草食系男子、クリーミー系男子、ロールキャベツ系男子…」などの世界に安住するのではなく、「なぜこのような事態になっているのか」を問い、ラベリングの裏に潜む「生きづらさ」を、社会的、歴史的背景を踏まえて考察していく」(「WASEDA ONLINE」2015年9月28日)

男子学生も幅広い業種へ進出

1986年に施行された男女雇用機会均等法以降、これまで男性が圧倒的に多かった業種や職種あるいはポジション(管理職など)で、女性が活躍できるようになった。一方、女性の占有率が高かった仕事に男性が従事するようになった。看護師、保健師、保育士、幼稚園教諭そしてキャビンアテンダントなどである。

看護師が「看護婦」と呼ばれていた時代（2002年、保健師助産師看護師法に改正以前）に比べると、昨今、病院で男性看護師を見かけるようになった。早慶MARCHで唯一、慶應義塾大看護医療学部には現在、男子22人、女子421人の学生が学んでいる（2022年度、全学年）。男子は一学年5人程度であり、ほとんどが看護職志望だ。

看護医療学部出身（2009年卒）の男性Aさんは、国際協力機構青年海外協力隊の派遣で中央アフリカのガボン共和国のHIV外来診療センターで看護職として働く。こう話す。「ガボンでのエイズ対策の歴史、ガボン政府のエイズに対する戦略、人々のエイズに関する考え方など様々な要因を分析し、最善の対策を講じなければならない今の仕事に、学部で学んだことが生きていると感じます」（慶應義塾大看護医療学部ウェブサイト）。

同学部出身（2005年卒）の男性Bさんは大学病院で感染管理に関する業務を行なっている。「患者さんをケアする前後に、院内のスタッフが手指衛生を徹底できているか調査したり、患者さんのケアや感染対策についての相談に対応したり、感染症の治療に関して、カルテから患者さんの状況・状態を読み取り、医師に看護師としての意見を伝えたりしています」（同ウェブサイト）。

看護医療学部を卒業し医療現場で働いてから起業した男性がいる。（株）ケアプロ代表の川添高志さん（2005年卒）だ。同社の業務内容はセルフ健康チェック、訪問看護、訪問看護ステーション運営、健康データ管理などとなっている。また、岩本大希さん（2010年卒）は、看護師、保健師の経験を生かして、「24時間365日対応の訪問看護事業」を掲げる、WyL株式会社を作った。看護師経験をもとに起業。慶應らしい。

青山学院大、立教大から保育士、幼稚園教員になった男性がいる。また、青山学院大出身の男性は外資系航空会社でキャビンアテンダントをつとめる。

これらの業種、職種で男性はまだまだ少数派だが、早慶MARCHのOBがこうした職場でパイオニアになれば、あとに続く男性にとってたいそう励みになる。

5　LGBTQへの支援

各校の対応は

ジェンダー平等のなかで大きなテーマである、LGBTQについて、大学はどう対応しているだろうか。キャンパスにはLesbian（レズビアン）、Gay（ゲイ）、Bisexual（バイセクシャル）、Transgender（トランスジェンダー＝心と体の性が一致しない人）、Questioning（クエスチョニング＝性的指向・性自認が定まらない人）の学生が学んでいる。

このなかで、レズビアン、ゲイなどが抱える問題について、中央大がしっかり向き合っている。大学教職員が彼らの同性愛をきちんと受け止め、適切な対応をしなければならない、と呼びかけた。同大学が作成した「教職員のためのジェンダー・セクシャリティに関するガイドブック（配慮と対応）」に次のような一問一答がある。

「学生同士の会話の中で「好きな異性のタイプは？」や、「ホモ」「レズ」といった発言を聞いてしまいました。学生に何か注意した方がよかったでしょうか？

――「ホモ」「レズ」は差別的に使われがちな言葉ですし、当人の性的指向や性自認に関わらず、そうした言葉や、全員が異性を好きになるという前提に違和感や不快感を持つ学生もいるかもしれません。社会的正しさのためだけでなく、そうした言葉を言われたらどんな気持ちがするだろうか、と投げかけてみてはどうでしょうか。その場で適切に対応できなければ次のチャンスで話題にしてもかまいません。教職員の態度を学生は見ています。教室や学生と接する教員も、教室外で学生を対応する職員も、言語は使い方によって排他的にもなり得ると自覚し、問題意識を持つことが大切です。教職員が明確な態度で接することで気持ちが軽くなる学生もいます」

早慶MARCHのなかで、同性愛への対応についてもっとも踏み込んでいる。これは、「一橋大学アウティング事件」が関係するといっていい。2015年、一橋大学法科大学院の男性Aさんが男性Bさんに恋愛感情を告白したあと、BさんはAさんが「同性愛者であること」を友人に暴露してしまった（暴露＝アウティング）。これをきっかけに、Aさんは心身に変調をきたし転落死したといわれる事件である。翌年、Aさんの家族がBさん、および一橋大の責任を追及して損害賠償を求める民事訴訟を起こした。Aさんは中央大法学部出身ということもあって。中央大は真摯にこのテーマに取り組んだといえよう。

LGBTQについて、大学教員は襟を正すべきである、と訴えるのは、明治大非常勤講師の三橋順子さんだ。本人のブログでこう記している。

「大学の教員が、特定の属性のマイノリティを抑圧・排除・差別する発言を公の場で行うことは、それが「学術」の形をとっていたとしても、その属性に関わる学生や教職員を傷つける明確かつ重大なハラスメント行為であることを、はっきり規定してほしい」（2022年1月31日）。三橋さんは、性社会・文化史（ジェンダー／セクシュアリティの歴史）の研究者として活動している。

大学の授業計画表のなかで学習到達目標としてこう記している。

「人間の「性」の構造やジェンダー&セクシュアリティに関心をもってもらうこと。ジェンダーという概念が、さまざまな社会的事象を分析する上で「良く切れるナイフ」であることを知ってもらうこと。性別二元論や身体構造を絶対視する性別決定論、異性愛絶対主義にとらわれない、より多元的で多様な性別認識や性愛観、ジェンダーの構築性を理解すること。それらにより、自らの「性」のあり様を見つめ直し、自分が心地よいジェンダー&セクシュアリティの在り様を探すヒントにしてほしいこと」

青山学院大法学部教授の谷口洋幸さんは、LGBTQの人権問題について法解釈の視点から問題提起する。すこし長いが紹介しよう。

「LGBTQの問題について言えば、差別されて傷ついた経験がある人も、別の場面では他の当事者やLGBTQ以外のマイノリティ性がある人を傷つけているかもしれません。また当事者という自覚がない人も、心の中に本当に差別的意識が存在しないか、例えば周囲の人を自分と同じ非当事者であると想定して行動していないか、自分自身に問い続けることが求められます。人権問題を考える際には、自分の生きてきた道やいまの自分自身、そしてこれからの生き方を見つめ直す作業が必ず含まれるため、すべて他人事ではなく自分事として重くのしかかってきて、しんどくなってしまう瞬間も必ず訪れます。この点、自由な時間がたっぷりあり、いろいろなことを柔軟に考える機会が与えられている学生時代こそ、人権問題と真剣に向き合う唯一の、ある意味では最後のチャンスだと言えるかもしれません」(「AGU RESEARCH」2022年6月掲載)

LGBTQの学生サークルも

2010年代、早慶MARCHの学生のあいだで、LGBTQについて、交流の場、勉強会開催などを行うサークルが生まれた。2020年代前半、コロナ禍で学生の交流が少なくなったこともあって、活動を停止しているところがあり、やや低調である。いくつか紹介しよう。

早稲田大「GLOW」(大学公認)

「同性を好きになるかもしれない」「好きに性別は関係ない」「恋愛感情や性的欲求がない」「自分の生まれた性別で生きたくない」と思うセクシュアルマイノリティの学生が交流できる場。毎月のイベント、セクシュアリティについて語り合う座談会、有志メンバーによる早稲田祭での演劇発表&フリーペーパー制作などを行う。

慶應義塾大「ＬＧＢＴサークル塾生会」
ピアサポートや居場所づくりを目的に設立した。

明治大「Arco Iris」（大学公認）
多様なセクシュアリティをもった明大生の居心地のよい場所づくりを目指す。「ＬＧＢＴＱ＋となると正確な割合を計算するのが不可能なのですが、何かしら自分にそういった属性を見出しているメンバーが多いです」（２０２２年４月11日）。

立教大「Rikkyo Pride」「ジェンダーサークル10×10」
ジェンダーに関心のある学生、ＬＧＢＴＱ当事者で交流できる場所を作る。ジェンダーやセクシュアルマイノリティなど包括的に学内外の問題に取り組む。

差別解消のための担い手になってほしい

キャンパスでＬＧＢＴＱについての理解は進んでいるのか。早慶ＭＡＲＣＨいずれも大学あげて啓発活動に取り組んでいる。高く評価したい。しかし、残念ながら、差別や偏見が完全になくなったとは言えない。SNSで学生そして教職員までも相手を傷つける発言を見かける。また、アカデミズムの場で、TERF《ターフ》（Trans- Exclusionary Radical Feminist、トランスジェンダーの女性に否定的なフェミニストのこと）の動きも見られる。首相秘書官がLGBTQに対する差別発言してしまう情けない国にあって、大学は学問の府として差別や偏見をなくすための教育、研究、社会発信を積極的に行うべきであり、早慶MARCHはその最先端の担い手になってほしい。

第6章　早慶MARCHの女性教員は活躍する

男女平等社会の実現、性の多様化への対応というジェンダー平等に関わるテーマは世界中で求められている。

女性が活躍する社会は活性化する。

政治、経済、文化、科学技術などの発展を歴史的にふり返ると、そのとおりである。男性中心では社会全体が閉塞的になり、新しい発想が生まれず、社会の進化は望めない。

アカデミズムの世界も女性の活躍が求められている。世界中で問われていることであり、ジェンダー平等のあり方が追求されている。世界各国で、大学で教える女性教員は増えている。

しかし、残念ながら、日本の大学は男女平等とはとても言い難い男社会となっている。女性に対する差別と偏見は残ったままだ。

20年、経済協力開発機構（ＯＥＣＤ）が加盟国の大学など高等教育機関で働く女性教員の割合を調べたところ、日本は比較可能な32カ国のなかではもっとも低い30％を示していた。ＯＥＣＤ平均は45％となっており、トップはリトアニア59％だった。主要国ではアメリカ51％、イギリス46％、ドイツ40％、スイスと韓国36％となっている。こんな報道もあった。「ＯＥＣＤの担当者は「女性の才能を十分活用できていない。改善が必要だ」と指摘している」（共同通信２０２２年10月９日）

大学に限ったデータを見ると、女性教員の数字はもっと低く出ている。文部科学省がまとめた学校基本調査によれば、22年、大学の女性教員数は前年度から約700人増え、過去最多の5万9975人を数えた。教員に占める女性比率は0・3ポイント上がって26・7%だった。これでも過去最高である。

日本の大学において男女平等が実現しているとは思えない。では、早慶MARCHはどうだろうか。本章では早慶MARCHで学問を極める女性教員、早慶MARCH出身で活躍する女性を紹介したい。

1　女性教員が日本のブレーンとなる

(1) 青学、立教の女性教員が持つ誇り

「共生を阻む政治に対抗するために、アートのもつ力に期待する」

早慶MARCHにおける女性教員数と比率の推移を表にまとめてみた(図表6-1)。前

青山学院大		立教大		中央大		法政大	
（人）	女性比	（人）	女性比	（人）	女性比	（人）	女性比
93	19.1	136	25.8	87	13.7	141	19.5
102	20.7	133	25.2	93	14.8	150	20.4
106	21.7	133	25.3	110	15.9	153	20.9
119	23.5	136	25.5	135	18.4	157	21.3
125	24.5	143	26.3	137	18.7	147	19.8
134	25.4	147	27.2	140	19.1	160	21.7

出の女性教員比率（日本の大学全教員中）が比較的高いのは立教大と青山学院大である。2校は女子学生比率が5割を超えており、女子学生が多い＝女性教員も多いという因果関係はあるだろうか。次のことが考えられる。

①１９８０年代、90年代、すでに女子比率が高かったころの両校女子学生が大学院（他大学あるいは海外）で博士号を取得、母校で教えるようになった。

②両校は積極的に女性教員を採用する政策をとった。

③早慶ＭＡＲＣＨのほかの5校に比べて理工系学部の規模が小さい。理工系学部の教員は男性が多いので、その分、両校は女性教員比率が高くなった。

青山学院大、立教大の女性教員を紹介しよう。

まずは青山学院大。

森本麻衣子さん（法学部准教授）は東京大法学部、カリフォルニア大バークレー校大学院を経て、21年から法学科、

図表6－1
早慶MARCHの女性教員数、女性教員比率の推移

	早稲田大		慶應義塾大		明治大	
年	（人）	女性比	（人）	女性比	（人）	女性比
2016	195	14.1	279	17.8	168	17.0
2017	213	15.1	296	18.8	172	17.8
2018	264	16.6	288	18.3	179	18.4
2019	275	17.3	304	19.2	184	19.0
2020	289	18.2	317	20.4	185	19.5
2021	297	18.9	334	20.9	163	18.8

女性比の単位は%

22年から新設のヒューマンライツ学科の教壇に立ち、「法の人類学」「平和学」を教えている。ジャーナリストの経験があり、人権問題を関連づけながら、世界の紛争、グローバル資本主義における貧困と格差の構造について講じている。

飯笹《いいざさ》佐代子《さよこ》さん（総合文化政策学部教授）は多文化社会論、移動研究（移民・難民・シティズンシップ）、文化政策・国際文化交流論を教えている。世界各地で起こる紛争によって難民が増える一方、難民を排斥する勢力の台頭も見られることについてこう話す。「このように人々を分断し、共生を阻む政治に対抗するために期待しているのが、アートのもつ力です。アート作品や映画が発信するメッセージが、人々の難民問題への関心を喚起し、多文化共生を推進する上でどのような影響をもつのか。アートと社会、政治との関わりに注目しながら、新たな研究の展開をめざして挑戦

を続けます」（「AGU NEWS」）

「学生は心理面や経済面での不安を抱え、支援を求めている」

小橋文子《おばしあやこ》さん（国際政治経済学部准教授）は国際貿易、貿易政策を専門とする。21年、日本国際経済学会から小島賞の優秀論文賞を受賞した。受賞論文は「技術規制と企業の輸出活動：日本の製造業企業の実証分析」であり、輸入国における技術規制が企業の輸出行動にどう影響を与えるのかを分析した論文だった。同賞は小島清・一橋大学名誉教授に因《ちな》んだ賞で「日本国際経済学会機関誌に掲載された論文のうち、特に優れた論文の著者に対して授与」している。国際経済分野における研究業績を表彰する場は多くない。優れた研究者として選ばれた小橋さんのこれからが期待される。

杉谷祐美子《すぎたにゆみこ》さん（教育人間科学部教授）は高等教育論を研究しており、学生への調査分析を行っている。コロナ禍にあって大学生は指導よりもサポートを求めているのではないかと指摘する。

「確かに大学生の『生徒化』は進んでいましたが、その裏にある、学生生活に心理面や経済面での不安を抱え、支援を求めている姿が見えてきました。単に『受動的で依存度が高まっている』として、大学生の気質の変化として捉えるのではなく、大学に指導や支援を期待する要因を丁寧に見ていくことが必要でしょう」(ベネッセ教育総合研究所ウェブサイト掲載2022年6月大学教育学会より)

「DVによる死亡事件が発生しても検証されないのは命の軽視」

続いて立教大である。

湯澤直美さん(コミュニティ福祉学部教授)は大学で教壇に立つ前、児童養護施設や母子生活支援施設で保育士、母子指導員として勤務していた。こうした経緯から、ジェンダーや社会福祉の分野で研究を始めたが、近年はこれらの分野と密接に関係のある「貧困」という社会問題に取り組んでいる。

「子供が被害者となる児童虐待事件に比べ、児童虐待とも密接に関係があるDVはあまり注目されていない現状がある。児童虐待の死亡事件が発生すると、国や自治体で死亡事例の検証をして報告書を作成しているが、DVでは死亡事件が発生しても検証されないのはあまりにも命の軽視であるといえる。今後は、DV対策においても、国や自治体で死亡事例の検証を重ね、報告書を作成して共有化することによって再発防止のための知見を積み

図表6－2　早慶MARCH、女性学部長（2022年）

大学	学部	氏名	専門	経歴
早稲田大	文	嶋﨑尚子	社会学、家族社会学、	東京女子大文理学部、早稲田大学大学院文学研究科博士課程
慶應義塾大	文	倉田敬子	図書館情報学	慶應義塾大法学部、慶應義塾大大学院文学研究科博士課程。博士
慶應義塾大	看護医療	武田祐子	看護学	千葉大看護学部、東京医科歯科大大学院医学系研究科。博士（看護学）
明治大	総合数理	荒川薫	メディア情報学	東京大工学部、東京大大学院工学系研究科。博士（工学）
青山学院大	国際政治経済	末田清子	社会学、社会心理学	立教大社会学部、ランカスター大Ph.D.(Applied Social Science)
立教大	異文化コミュニケーション	丸山千歌	日本語教育と社会言語学	国際基督教大教養学部、国際基督教大大学院比較文化研究科博士課程。博士（学術）
立教大	コミュニティ福祉学部	湯澤直美	社会福祉学	日本社会事業大社会福祉学部、立教大大学院社会学研究科修士課程。博士（社会福祉学）
法政大	キャリアデザイン	荒川裕子	美学、芸術論、美術史	東京芸術大美術学部、東京大大学院人文科学研究科博士後期課程
法政大	グローバル教養	新谷優	社会心理学	国際基督教大教養学部、ミシガン大大学院博士課程修了。Ph.D.（社会心理学）
法政大	経済	廣川みどり	理論経済学	東京大教育学部、一橋大大学院経済学研究科博士課程

上げていってほしい」（「産経ニュース」2019年3月8日）
湯澤さんはコミュニティ福祉学部教授をつとめる。
現在（23年2月時点）、早慶MARCHで学部長をつとめる女性教員をまとめた（図表6－2）。
学部長は大学において「出世コース」という見方がある。早慶MARCHでは、早稲田大をのぞく6校の学長（総長）が学部長を経験している。前法政大総長の田中優子さん、関関同立初の大学トップとなった同志社大学長の植木朝子さんも、学部長をつとめている。したがって、現在、早慶MARCHで学部長をつとめる女性教員から学長（総長）が誕生するかもしれない。多いに期待したい。

（2）早慶の女性教員が抱く矜持

「自分の長年の研究は何だったのだろうか」――学問への真摯な姿勢

早慶MARCHで女性教員がもっとも多いのが慶應義塾大で、看護医療学部の存在が大きい。同学部の教員30人のうち女性は23人いる。看護職が女性に限られた「看護婦」時代の名残で看護師養成はまだ女性が多くなっている。慶應義塾大各学部の女性教員比率は次のようになっている。法22・6％、経済21・8％、商27・0％、文23・6％、総合政策27・3％、環境情報10・9％、理工11・5％、医13・6％、薬23・1％、看護医療76・7％。

慶應義塾大女性教員はメディアでの発信度が高い。

廣瀬《ひろせ》陽子さん（総合政策学部教授）は、ロシアがウクライナに軍事侵攻した際、こう書き綴った。

「紛争勃発前夜まで、私は「侵攻はない」と自信を持って主張していたのだ。しかし、侵攻は起きてしまった。その時、「私が知っている」ロシアは消滅し、私が構築してきた議論も崩壊した。自分の長年の研究は何だったのだろうか、そして人間は戦争を防げないのか、という絶望的な気持ちに苛まれた」（慶應義塾大湘南藤沢キャンパスウェブサイト2022年4月5日）

ウクライナ問題で自身の「研究は何だったのだろうか」と真摯に反省し、それを正直に吐露するのはヘタをすれば学者生命を失いかねない勇気のいる言動だ。それほどロシアの侵攻が理不尽だったことを強く印象づけた。

廣瀬さんは慶應義塾大総合政策学部を卒業後、東京大大学院法学政治学研究科修士課程、同博士課程を経て研究者になった。東京外国語大、静岡県立大の教員を経て慶應義塾大で教えている。

「若い発想が防災を身近でかっこいいものにしてくれる」

大木聖子《さとこ》さん（環境情報学部准教授）は、高校生のとき、阪神・淡路大震災で何もできなかった自分が悔しくて、地震学者を志したという。北海道大理学部、東京大大学院理学系研究科修士、博士課程を修了。2011年、東日本大震災が起こったとき、東京大学地震研究所助教として多くのメディアに登場した。なかでもNHK教育テレビの防災番組「学ぼうBOSAI」では子供たちに愛された。13年に慶應義塾大に移り、学生についてこう話している。

「私の研究室の学生たちは、避難所運営をシミュレーションする教材を四コマ漫画で作ったり、得意なダンスを生かして、地震時に身を守るダンゴムシのポーズに振り付けをして広めたり、私ではできないことを発想し次々と実践していきます。他にもITの研究室の学生と一緒にアプリを開発するなど、様々な分野を結び付けていくことも考えています。様々な専門分野にまたがっている防災は、専門性を極めるだけのこれまでの学問形態とは違う切り口で考えることが必要でしょう。若い発想が、防災を、より身近で、よりかっこいいものにしてくれていることを実感しています」（内閣官房ウェブサイト２０１４年12月）

中室牧子《なかむろまきこ》さん（総合政策学部教授）は教育経済学者として多くの提言を行っており、著書『「学力」の経済学』はベストセラーとなった。同書では収集したデータを分析し社会の構造を明らかにすることは、自分たちの生活を大きく変えることにつながると訴える。中室さんは慶應義塾大環境情報学部出身で、指導教員は竹中平蔵さんだった。その影響を受けており、中室さんは政府や企業と連携し、教育に関連する事象をグローバルな視点かつ科学的な方法を用いて分析してきた。学術的な知見は知的公共財であり、研究を通して社会を良い方向に変えていきたい、と考え、こう話す。「これまでの教育業界では、どうしても経験者が自分の経験をもとに語ることが多かったのですが、個々の経験は往々にして一般化することが難しいもの。特定の個人の成功体験ではなく、全体を表すデータを分析して、その中から見出される規則性を判断の根拠にすることが大事です。自治体や企業が収集したデータを外部の人間が客観的に検証すれば、その後に成果を再現できる可能性が高まります」（慶應義塾基金室ウェブサイト２０２０年7月30日）

君嶋祐子《きみじまゆうこ》さん（法学部教授）は弁護士出身で知的財産法の専門家だ。鹿野菜穂子《かのなおこ》さん（大学院法務研究科教授）は九州大法学部出身で民法、財産法、消費者法を講じている。荒田《あらた》映子《えいこ》さん（商学部教授）は東京大経済学部、同大大学院出身で会計学が専門だ。「協力ゲーム理論」を教えている。経済学部教授の寺井公子《きみこ》さんは公共経済学を研究する。徳島大、東京大大学院経済学研究科の出身だ。

日本学術会議最年少会員は資源循環工学を専門とする早大教授

2020年10月、菅義偉《すがよしひで》首相（当時）は衆議院の代表質問で、日本学術会議で6人が任命されなかった件について次のように答えた。

「民間出身者や若手が少なく、出身や大学にも偏りがでないことも踏まえた多様性を念頭に、私が任命権者として判断を行ったものだ」（「朝日新聞デジタル」2020年10月28日）

ここでいう「偏り」とは、特定の大学所属が多く、若手や女性が少ない現状をさしている。会員数は204人で平均年齢は60・06歳。最年少が45歳、最高齢は69歳、女性は77人（37・7％）だった。所属大学は東京大34人。京都大16人、大阪大14人、慶應義塾大10人、東北大9人、早稲田大8人となっている。早慶MARCHでは明治大3人、中央大2人となっており、青山学院大、立教大、法政大の教員は含まれていない。

このなかで、最年少会員の1人だったのが、早稲田大の所《ところ》千晴《ちはる》さん（理工学部教授）である。98年早稲田大理工学部資源工学科卒業、2003年東京大大学院工学系研究科地球システム工学専攻博士課程修了。その後、04年早稲田大理工学部助手、講師、准教授となり、15年から教授をつとめる。

所さんは研究テーマについて受験生にこう説明している。

「私は資源循環工学を専門としています。その研究の一つが、粉体プロセッシングという技術を用いて、パソコンやスマホなど電子機器から、有用金属を分離する技術の開発です。都市鉱山に眠る金属材料を得るためには、固体を溶かす方法が効率的ですが、そのために膨大なエネルギーが必要で、それは環境に負荷をかけます。粉体プロセッシングは、これを溶かさずに固体の状態のまま必要な物質の粒子を分離する、もっとも環境負荷が小さい技術です。目的の物質だけを分離するのは、簡単ではありませんが、開発した技術は実際の企業でも活用されています。社会に直接貢献ができ、やりがいが感じられる研究だと思っています」（ウェブサイト・河合塾「みらいぶっく」20年5月）

（3）明治大、法政大、中央大の女性教員が挑戦する

「「月に行く」のではなく、「太陽に行く」気概を」

明治大はウェブサイトで教員の知見を広く伝えている。受験生からすれば、こういう先生のもとで学びたいなと思うテーマがいくつかある。女性教員の発信を紹介しよう（以下、大学ウェブサイトの配信日）

東野香代子《ひがしのかよこ》さん（商学部特任講師）はファッションビジネスに関する講義を担当している。エルメスジャポン、福助で広報部長を務めた。パリのファッションビジネススクール「モダール・インターナショナル」の日本代表、株式会社ファッションビジネス研究所の代表をつとめる。講義ではパリを中心に歴史を学び、現在のブランドビジネスの概要を把握することを目的としている。こう記している。

「「ファッション」という言葉には、人を幸せな気持ちにしたり、夢を与えたりする力があります。それは、人がなにかを創造することの素晴らしさを、人は知っているからだと思います。その意味では、売れ筋で着やすい感のある「月に行く」のではなく、すごく危険だけれど「太陽に行く」気概を、多くの若いクリエーターたちにもってもらいたいと思っています」（２０１８年11月28日）

野澤千絵さん（政治経済学部教授）の専門は都市政策、都市行政だ。コロナ禍で社会のあり方が大きく変わりつつある。たとえば、それまで人々にとって郊外の一戸建てやニュータウンに住み、都心の先進のオフィスで働くことがひとつのライフスタイルだった。しかし、この間、無秩序、無計画な市街地の拡大が起こってしまう。仕事場の都心一極集中によって、通勤では長い移動時間を強いられる。ところが、コロナ禍で「ステイホーム」が推奨され、リモートワークが普及し、通勤するライフスタイルを見直されている。

「そもそも、多くの施設が集中する余り、何をするにも人・人・人という過密すぎる都市が本当に便利なのか、快適なのか、という疑問は多くの人がもっていたと思います。すなわち、心のゆとりも、時間的余裕もないような、常にあくせくとした生活のままでは、国際的に見ても真に成熟した都市とは言えないのです」（20年9月23日）

いずれも学者ならではの名言であり、ネットを通じて広く発信する大学広報のセンスはすばらしい。

国会で厳しい追及をはぐらかす答弁を「ご飯論法」と喝破

学問の魅力をていねいに説明する女性教員が、法政大にいる。

田中優希さん（経済学部教授）は簿記を担当する。数学が苦手だから簿記に近づかないのはもったいない、と簿記への誘いをやさしく語りかける。

「簿記が分かると身の回りの店舗や商品の儲けの仕組みが見えてきて面白いですよ。深めれば、皆さんがよく知る世界の有名企業だって分析できるようになります、将来、ビジネスを成功させたい、成長企業に投資したい、社会に貢献する企業で働きたいと考えたとき、会計数値が道しるべになってくれるはずです」（「経済学部案内2023」）

一方で、法政大にはインパクトがある発信をする女性教員がいる。

流行語はアカデミズムの世界から生まれることがある。これまで大学教員の発信から新語・流行語大賞に選ばれたのは、「声に出して読みたい日本語」（明治大、齋藤孝）、「脳トレ」（東北大、川島隆太）、「マニフェスト」（早稲田大、北川正恭）、「マタハラ」（立教大、杉浦浩美）などがある（以上、敬称略）。

18年、政治の世界で「ご飯論法」が新語・流行語大賞に選ばれた。「朝ごはんは食べましたか」の問いに「ご飯は食べていません。パンは食べましたけど」と論点をずらす対応を言う。国会で厳しい追及をはぐらかす答弁を揶揄《やゆ》する表現として使われた。「ご飯論法」の名付け親で、議論の不毛さを訴えたのが、上西充子《みつこ》さん（キャリアデザイン学部教授）だ。

上西さんは東京大経済学部、同大学院経済学研究科博士課程を経て日本労働研究機構研究員となった。その後、法政大学のキャリアデザイン学部設立に加わって、現在に至る。メディアでは歯に衣《きぬ》着せない物言いを続ける。

「習近平批判は「権力に対しても面従腹誹」が表面化したもの」

日本の大学の女性教員を学部別でみると、文、法、国際系が多く3割に届く勢いだ。法、経済、経営系が続き、2割前後となっている。理、理工系は1ケタ台がほとんどだが、生物系は2割近いところがあり、物理、化学も1割を超えるところが増えた。機械、電気、建築、土木は1割以下でもかなり低い水準だ。

中央大の学部別女性教員比は高い順に次のとおり。総合政策学部32・4%、国際経営学部31・3%、文学部27・6%、法学部24・3%、国際情報学部23・8%、商学部20・8%、経済学部20%、理工学部9・8%となっている。

理工学部は教員173人のうち17人しかいない。そして精密機械工学科では教員が14人いるが、うち女性は1人しかいない。

新妻実保子《にいつまみほこ》さん（理工学部教授）である。

新妻さんはヒューマン・システム研究室を運営し、サイバネティクス、人とシステムロボットCG、バーチャルリアリティを研究する。授業では電気工学、電子回路などを教える。人とロボットシステムの相互作用により、双方の機能や能力を補完し、拡張していくことを目指している。こう案内する。「センサによる人やもの、空間の観測、観測に基づくロボットシステムの知能化、人－ロボットシステム間のコミュニケーション手法、およびヒューマンインターフェースについて研究を進めています。センシング技術、ロボット知能化技術などの工学的知見はもちろんのこと、人間を知るための認知科学、動物行動学など他分野からの知見を積極的に取り入れて、人とロボットシステムが共生するしくみを研究していきます」（「中央大案内」）

大学でリアルタイムの出来事を的確に解説する授業を受けられる。とても幸せなことだ。2022年11月。中国で習近平体制に対して国民の一部から批判が起こった。中国ウォッチャーは1989年の天安門事件以来と一様に驚いた。

及川淳子《おいかわじゅんこ》さん（文学部准教授）は現代中国社会に詳しい。外務省在外公館専門調査員（在中国日本大使館）をつとめ、『六四と一九八九　習近平帝国とどう向き合うのか』（共編著、白水社、2019年）を編纂する。NHKラジオ講座「おもてなしの中国語」講師なども担当した。

「中国共産党政権が思想教育を徹底し、言論統制を強化する背景には、現体制による統治の正統性を証明し、一党支配体制を持続可能にするというねらいがある。だが、実際のところ中国の社会は複雑化しており、人々の価値観も多様化している。「習近平思想」の教育は徹底されつつあるが、熱心に学んで忠誠心を高める学生もいれば、受験のための暗記科目と割り切る学生もいるかもしれない。中国では「上に政策あれば下に対策あり」と言われるように、権力に対しても面従腹誹《ふくひ》で、したたかに、たくましく生きる人々もいる」

(「Chuo Online」 2022年11月)

なるほどと唸《うな》ってしまう。「権力に対しても面従腹誹」が表面化して習近平批判が飛び出したのだろう。

2 ジェンダー平等を実現させる

2010年代にはまだ、女子学生が就職活動の面接で「仕事はいつまで続けたいの」

「結婚の予定は」「出産後はどうするつもり」と聞かれることがあった。「男は外で働き、女は家のことをする」という古い価値観だ。そして20年代、さすがにそんな考えはないだろうと思いきや、完全にはなくなっていない。

「多様化が推進される国際社会で日本が取り残されてしまう」

早稲田大の村田晶子《あきこ》さん（文学部教授）は性の違いによる固定的な役割分担の見方や関係が、社会全体にゆがみを生んでいることを問うてきた。

「その問題は、社会の意識を変えることでしか解決できません。「男だから」「女だから」ではなく、まずは「自分として」どう生きていきたいのか。そして、その一人ひとりの選択が尊重される社会をどうつくっていくのか。それはイデオロギーでもキレイごとでもなく、多様化が推進される国際社会において日本がこのまま取り残されていくかどうかという、極めて現実的な喫緊の課題なのです」（学問紹介サイト「トイビト」2018年5月16日）

そしてハラスメントである。

17年、村田さんは弓削《ゆげ》尚子《なおこ》さん（法学部教授）との編著で『なぜジェンダー教育を大学でおこなうのか――日本と海外の比較から考える』（青弓社）を上梓《じょうし》した。「女性活躍」

が政策として叫ばれる一方で、女性や性的マイノリティへのハラスメントが後を絶たない。そこで、ダイバーシティ環境の整備、つまり社会の多様性と直接につながりがある大学において、ジェンダー教育の重要性を訴えている。

また村田さんは、子育て中の女性と母親世代との価値観が合わず、バブル崩壊後に働き始めた今の女性たちは、キャリアを「ガラスの天井」に阻まれ、さらに「仕事も家事もやりなさい」と二重の責任を負わされて大変な思いを抱えていると指摘する。

「一方、その母親世代は、娘たちを応援するつもりで「あなたは私の頃より自由なんだから頑張ってよね」などと言ってしまいがちです。ここに、女性を世代間や仕事の有無で分断し、ジェンダー問題を個人の内面の葛藤や親子関係に押し込めるという社会制度の問題点が浮かび上がります」(「毎日新聞」22年3月19日)

ジェンダー平等に対する取り組みは社会学系の教員が学問的な見地から行ってきた。やがて大学は部署を作るなど組織を立ち上げ政策として打ち出すようになった。

22年、中央大ダイバーシティセンターはジェンダー、セクシュアリティについて分かりやすく解説したハンドブックを作成した。ジェンダーやLGBTQに関する用語や基礎知識、学生生活に関わる氏名・性別・写真の取り扱い、各キャンパスのトイレ、更衣室、シャワー室、授乳室の利用に関する案内がまとめられている。このハンドブック作成には長島佐恵子さん（法学部教授）、子安加余子《こやすかよこ》さん（経済学部教授）が関わっている。

長島さんは、ダイバーシティセンター立ち上げの際、他大学で同様の取り組みをしている教職員にこう教えられたという。

「マイノリティ性のある学生に「どういうことで困っていますか」と尋ねても、「困っていません」という返事しか返ってこないかもしれない。しかし、日々会話を重ねていくと、あらゆる場面、あらゆるところで困っていると分かることがある」「本人が変えて欲しいと言ったことだけを変えるのでは十分ではない。おしゃべりしているうちに困っていることが出てきて、ダイバーシティセンターがそれをどうしたら変えていけるのかを一緒に考えていける場になっていけばうれしい」（「HAKUMON Chuo」22年7月25日）

「居場所を見出せない人が生きるに足ると信じられる言葉が求められる」

大学教員が個人的にジェンダー平等を訴えるケースも増えた。

明治大の大澤舞さん（理工学部専任講師）はあらためてフェミニズムを問い直す必要があると訴える。

「多くの男性たちは、この「男らしさ」から逸脱しないように、男性たちの空間からはじかれないように、男同士の絆で結ばれた社会での成功を目指すのです。そして女性たちは、そんな男性中心社会に入っていくことで、日常的に、さまざまな違和感や苛立ち、モヤモヤを感じることになります。フェミニズムと聞くと、権利や平等ばかりを訴える面倒な思想だと敬遠する人もいるでしょう。しかし権利や平等をもたらすだけでなく、女性たちの日々の悩みや苦しみに解決のヒントを与えてくれるのが女性同士の結びつきであり、ひいてはフェミニズムなのです」（明治大ウェブサイト）

早稲田大の岩川ありささん（文化構想学部准教授）はクィア批評、トラウマ研究に取り組み、文学作品を中心に、傷ついた経験をいかに語るのか、社会、言語、歴史との関わりがテーマとなっている。2022年、『物語とトラウマ——クィア・フェミニズム批評の可能性』（青土社）を上梓した。自身、トランスジェンダーとして性別の移行を経験しており、こう訴えている。

「自分の居場所を見いだせずにいる人びとが、この世界は生きるに足るものだと信じることのできる言葉が、今、必要とされている」（「東京新聞」22年11月12日）

青山学院大の申惠丰《しんへぼん》さん（法学部教授、前法学部長）は、選択的夫婦別姓問題について、人権問題として捉えた。

「夫婦別姓を認めていない国は世界の中で日本だけで、かつ、圧倒的に女性が不利益を被っています。こうした知識があるかどうかによっても物事の判断は変わってくるのではないでしょうか。これまで合理的な理由もなく因習的に人権を損なわれて苦しんできた人たちも、普遍的な視点を得ることで本来の人権を取り戻すことができるようになります。そのための支えとなるのが「国際人権法」なのです」（大学ウェブサイト21年3月31日）

最後に紹介したいのは立教大の首藤若菜《しゅとうわかな》さん（経済学部教授）である。労働経済学を教える。学生には雇用について「派遣切り」「メンタルヘルス」などさまざまな課題を学ぶことをとおして、自分の労働を客観的に捉える、自分の身を守る能力を身につけてほしいと願う。

首藤さんは直接、ジェンダーに関わることを研究しているわけではないが、ご自身、家族のあり方に関わる問題を語っていた。首藤さんの夫は一橋大社会学部教授で政治学者の中北浩爾《なかきたこうじ》さんである。夫婦別姓について首藤さんは子供にこんな説明をしている。

「上の子が小さいころから、両親と本人の名前はフルネームで教えていました。名前を呼ぶと「はい！」と返事ができるようになったので、家でもその遊びをしていた時です。子どもが「中北パパちゃん」と呼んで、次に「中北ママちゃん、あ、違う、首藤ママちゃん」と言い直したんです。「うちは夫婦別姓で」なんて説明はしていないのですが、1歳で私が「首藤」だと理解し、自然に受け入れていました。

小学校低学年の時に学校から帰ってきて、「今日すごいことが分かったよ。みんなね、お父さんとお母さんの名字が同じなの。びっくりしちゃった」って言ったんです。今が話す時だと思い、「ママは「首藤」の名前でお仕事をしていてね。名前が変わってしまうと、誰だか分からなくなって困っちゃうから、結婚した後も、名前を変えないことにしたの。パパとママは、二人でよく話し合って、お互いに自分の名前を大切にしながら結婚することにしたんだよ」と、理由を丁寧に話しました」（「朝日新聞デジタル」18年5月2日）

直接、ジェンダーが研究テーマになるわけではなくとも、大学教員という仕事を進めるにあたって、自分の専門分野がジェンダー平等とどうかかわっていくか、そして自分の生き方はジェンダー平等をまっとうしているか。常に問われている。

第7章　早慶ＭＡＲＣＨのＯＧたち、政官財、文化で存在感を示す

出身者の活躍は母校で学ぶ後輩たちを勇気づけてくれる。注目された大臣、社長、ベストセラー作家、俳優などが同窓だと、嬉しくなる。

早慶MARCH出身者ではこうした世界の有名人はたくさんいる。しかし、その多くは男性だ。とくに政官財は男社会なので、これまで政治家、官僚、社長で際立った女性は、早慶MARCHからそれほど多く輩出してこなかった。

しかし、2000年代に入って早慶MARCHの女子学生は増えつつある。それに伴い、早慶MARCH出身の女性が各分野で活躍する姿が多く見られるようになった。

政官財、文化、芸能で活躍する、早慶MARCHのOGを紹介しよう。

1　官僚志望の女性増加は日本を活性化させる

「社会全体にとって何が最善かを考え続けたい」

22年実施の国家公務員総合職試験合格者1873人のうち女性は573人だった。これは過去最多となる。全体的に女子学生の数は増えている、法、経済系学部の女子比率が高くなっていることを考えれば、その分、国家公務員をめざし、実際キャリア官僚になる女性が増えるのは自然な話だ。男社会でまだ女性に門戸が広く開放されていない実態、ジェンダー指数が世界で恐ろしく下位に低迷している現状を打開するために、歓迎したい。

次ページに早慶MARCH別に国家公務員試験合格者数をまとめた（図表7－1）。

官僚志向が強いのは早稲田大、中央大である。早稲田大は東京大との併願で入学してきた官僚志望学生が国家公務員試験で「リベンジ」するという層が少なからずいる。中央大は大学をあげて、公認会計士、司法書士などの資格試験に力を入れており、公務員を目指そうという雰囲気が醸成されている感がある。法、経済、商学部に女子学生が増えているので、女子では早稲田大を抜く勢いがある。

慶應義塾大は金融、商社など大企業で活躍したいという女子のほうが多い。大学受験で官僚になりたいから慶應に進むという層はあまりいないのが現実だ。慶應4年間で国家を動かすのは「民間」より「官」だと発見し、国家公務員試験の準備をする女子を見かけるようになったという。

2000年代以降、国家公務員試験総合職試験に合格し、キャリア官僚の道を進んでいる早慶MARCH出身の女性を紹介しよう。

図表7－1

国家公務員総合職、
うち女性

【2018年】

順位	大学	（人）
1	早稲田大	33
2	慶應義塾大	28
3	中央大	11
4	明治大	10
5	青山学院大	1
	法政大	1
	立教大	1

【2019年】

順位	大学	（人）
1	慶應義塾大	30
2	早稲田大	29
3	中央大	22
4	明治大	7
5	法政大	4
6	青山学院大	2
	立教大	2

【2020年】

順位	大学	（人）
1	早稲田大	37
2	慶應義塾大	21
3	中央大	20
4	明治大	6
5	法政大	3
	立教大	3
7	青山学院大	1

国家公務員一般職、
うち女性

【2018年】

順位	大学	（人）
1	中央大	69
	早稲田大	69
3	明治大	62
4	立教大	35
5	慶應義塾大	26
6	法政大	18
7	青山学院大	12

【2019年】

順位	大学	（人）
1	中央大	71
2	早稲田大	67
3	明治大	52
4	立教大	45
5	法政大	31
6	慶應義塾大	25
7	青山学院大	18

【2020年】

順位	大学	（人）
1	中央大	65
2	早稲田大	56
3	明治大	52
4	法政大	32
5	慶應義塾大	26
6	立教大	17
7	青山学院大	11

まずは最難関、財務省に勤務する2人だ。

早稲田大政治経済学部出身のOさんは高校生のころから漠然と、将来は世の中を良くする仕事に就きたいと思っていた。在学中、国際協力NPOの活動をするなかで、自分には、組織の中に身を置いてアイデアを出し合い、仕事を分担し助け合いながら進めていく関わり方が向いていることがわかったという。

「一から自らの手だけで何かを作り上げるよりも、問題の根本にアプローチできる立場で働きたいと考えるようになり、国家公務員を目指すことを決めました。最終的に財務省を選んだのは、「正義の通る世の中をつくりたい」「社会全体にとって何が最善かを考え続けたい」という思いを共有できる人が多くいると感じたからです。入省後、海外の税制調査を担当した後、地方赴任や厚生労働省への出向、フランス留学を経験しました。現在は財務省に戻り、関税政策の企画立案に携わっています」（「早稲田大学案内」）

中央大法学部出身のSさんは、志望動機、試験準備をこう話す。

「日頃からあらゆる経験には「お金」が必要だと感じており、人々が金銭的に困らない社会の実現を目指す政策に携わりたいと考え財務省総合職を志望しました。（略）1月頃に学習進度に大幅な遅れが判明しました。それからは欠かさず勉強科目・時間を記録し毎日10

時間以上勉強しました」（中央大「公務員をめざそう」）

国土交通省からは明治大のOGを紹介しよう。

明治大法学部のKさんは少子高齢化や環境問題、ポストコロナへの対応など、現代の社会にある多くの問題について、多種多様な課題を自分ごとと捉え、解決に貢献したいと公務員を志した。

「国土交通省を選んだのは、人々の日常生活に密接にかかわる、幅広い政策分野に携われることや、国家全体に影響する政策のスケールの大きさに魅力を感じたからです。現在は、空港使用料の制度の整備や、地方創生事業の一環として、地方空港へのインバウンド誘致に関する仕事に取り組んでいます。（略）ゼミで知的財産法について研究できたことも貴重な経験でした。発明やアイデアなど、知恵から生まれた財産を法的に守る意義など、自分のイメージとは違う考え方に気づくことができ、視野が広がりました」（明治大学案内）

「人生で初めて貧困や飢餓の問題に触れ、考えるようになった」

ここで経歴が異色の外交官、島根玲子《しまねれいこ》さんを紹介しよう。

島根さんは波瀾万丈《はらんばんじょう》の人生を送ってきた。高校を2回留年、中退したあと大学入学検定試験（当時）に合格し、青山学院大学文学部英米文学科に入学。卒業後は早稲田大学法科大学院に入って2010年司法試験合格。11年外務省に入省した。
島根さんは外交官になってから、歴史的場面に何度か立ち会っており、「この仕事をやっていてよかった」と心から思っている。2016年12月、安倍晋三総理（当時）のハワイ訪問に同行し、オバマ大統領（当時）と真珠湾にある追悼施設「アリゾナ記念館」を訪れ、犠牲者を慰霊している。青山学院大の広報誌で在学中をこうふり返る。
「青学での英語の授業を通して、人前で英語を話すことへの抵抗感がなくなると同時に、英語力が着実に身についていくことも実感できました。そうすると実際に英語を使ってみたいと思うようになったことが、在学中に20カ国近くを旅行することにつながり、そして結果的に現在の仕事に就く原体験となりました。旅行で発展途上国を訪れることが多かったので、人生で初めて貧困や飢餓の問題に触れ、それらについて調べたり考えたりするようにもなりました」（青山学院大学案内）
青学経験が外交官へという動機づけ、プロセスは後輩OGを多いに励ましてくれる。広報にとっては珠玉のフレーズである。

らかもしれない。

「自分の中の素朴な正義感を大事にしたい」

早慶MARCH出身の女性で事務次官、審議官、官房長など官僚幹部になった者は少ない。どんなに優秀であっても女性だからという理由で幹部への道は開かれてこなかったかもしれない。

こうしたなか、早稲田大関係者がおおいに喜んだできごとがあった。山田真貴子《まきこ》さん（早稲田大法学部出身）が女性初の内閣広報官（菅義偉政権）に就任したときである。山田さんは総務省の官僚で大臣官房長、同情報流通行政局長、総務審議官、首相秘書官などの要職に就いている。「24時間365日仕事」という忙しさを経験し、「女性初」という部分で常に見られている緊張感があったという。母校の広報誌でこう話している。

「日本のような成熟した社会では、何かを変えるのは非常に難しいことです。その一方で世界は大きく変化しています。その中で、将来の日本のためにはこうあるべき、という自分の中の素朴な正義感を大事にしたいと思っています。日本が世界一幸せなIT社会になるための政策をしっかり打ち出していきたいですね」（「早稲田ウィークリー」2015年10月12日号）

山田さんは、内閣広報官在任中、NHKの報道番組でキャスターが菅総理に日本学術会議会員の任命問題で詰め寄ったことに対して「総理が怒っている」と官邸から電話でNHKの政治部長にクレームをつけたと報じられてしまう。内閣府は火消しにまわったが、菅氏の長男が勤務する東北新社による接待問題なども起こって内閣広報官を辞めざるを得なかった。早稲田大OGには残念なできごとである。

東京都の官僚として出世街道を順調に進んでいたのは、慶應義塾大経済学部出身の浜佳《はまか》葉子《よこ》さんである。町田市副市長、東京都生活文化局長、東京都水道局長などを経て、東京都教育委員会教育長となった。

教育におけるジェンダー平等政策を進めている。全国の都道府県立高校で唯一とされる都立高の男女別定員制を段階的に廃止、また男女混合出席簿の推進を打ち出している。

「男女に分けなくても適切に教育はできるはず。必要な時は別の名簿を作って対応できている実例もある」「男女に分けないことの効果を説明し、区市町村に周知を図る」（「東京新聞」2022年4月30日）

一方で、都立高校入試で英語スピーキングテストが受験生に対して公平性が保たれない、という批判について、廃止または改善する方向を示していない。英語学者、心理学者から厳しいことばが寄せられている。同窓である慶應義塾大出身では同大学環境情報学部教授の女性教員の今井むつみさんからの意見は手厳しい。

「スピーキングを入試に導入しさえすれば国際人が育つというのはあまりに短絡的。受験生、保護者、都民、あらゆる関係者にとってコストは高く、犠牲は大きく、教育的なゲインはほとんど期待できない」（「日経ビジネス」2022年10月19日）

法曹界では早慶MARCHにとって嬉しい人事があった。

2023年1月、東京高等検察庁検事長に中央大法学部出身の畝本直美《うねもとなおみ》氏が就いた。畝本氏は1988年に任官し法務省保護局長、広島高検検事長などを歴任している。東京高検検事長は検察ナンバー2のポストであり、彼女はまさにエリートコースを邁進《まいしん》してきた。次期検事総長の最有力候補である。実際、現・検事総長の甲斐行夫《かいゆきお》さん、元・検事総長の林《はやし》眞琴《まこと》さんはいずれも前職は東京高検検事長だった。

畝本さんは女性初の検事総長となることが十分に期待できる。しかも、検察庁のなかで多数派を占める東京大ではなく、中央大からの誕生だ。

畝本さんは東京高検検事長就任時の会見でこう話している。

「女性だからこれ、男性だからこれを担当するという時代ではない。偏りがあれば是正し

たい」(「朝日新聞デジタル」2023年1月13日)
政官財に蔓延《はびこ》る巨悪を摘発してほしい。

2 国会議員に女性が増えない

日本で最初の女性総理が早稲田大あるいは青山学院大から誕生する可能性があった。安倍政権時代に防衛大臣など要職に登用された自民党選出の稲田《いなだ》朋美《ともみ》さんである(早稲田大法学部)。もう1人いる。立憲民主党で、選挙で自民党に勝っていたとしたら、同党代表を務めたことがある蓮舫《れんほう》さん(青山学院大法学部)だ。

早慶MARCH出身の国会議員をまとめた(図表7－2)。

◎早稲田大　辻元清美《つじもときよみ》、早稲田ゆき(以上、立憲民主党)、稲田朋美(自民党)、古屋《ふるや》範子《のりこ》(公明党)、寺田《てらた》静《しずか》(無所属)、吉良《きら》よし子、田村智子《ともこ》(以上、日本共産党)

◎青山学院大　田島麻衣子《まいこ》、蓮舫(以上、立憲民主党)

◎慶應義塾大　加藤鮎子(自民党)、小宮山《こみやま》泰子《やすこ》(立憲民主党)

図表7－2
女性・国会議員
（衆議院、参議院）

【2018年】

大学	（人）
早稲田大	6
慶應義塾大	5
法政大	2
青山学院大	1

【2019、20年】

大学	（人）
早稲田大	7
慶應義塾大	4
青山学院大	2
法政大	2

【2022年】

大学	（人）
早稲田大	7
青山学院大	2
慶應義塾大	2
法政大	2
立教大	2

◎法政大　金子《かねこ》恵美《えみ》、徳永エリ（以上、立憲民主党）
◎立教大　吉田はるみ（立憲民主党）、櫛渕《くしぶち》万里《まり》（れいわ新選組）

早慶MARCHだけなら立憲民主党は8人、自民党2人となっており与野党逆転している。なぜ、自民党議員が少ないのか。自民党議員全体で出身大学をみると、慶應義塾大46人、早稲田大41人、明治大11人などとなっている。現在の国会は世襲議員が半分近いと言われている。その大半は息子や孫あるいは娘婿に継がせている。世襲といっても政治家一族からすれば、生まれた子供の順番がたとえば女、女、男という姉弟であっても、跡取りは男という発想が抜けきれないのだろう。娘が跡取りというケースは多くない。

こうしたなか加藤鮎子さん、小宮山泰子さんは2世議員であり、めずらしいケースだ。2人とも慶應義塾女子高校出身である。国会議員のなかで2世3世議員がもっとも多いのは慶應義塾大出身者でなかでも附属、系列校出身は幅をきかせている。石破茂さん、河野太郎さんなどだ。

2012年、小宮山さんは慶應義塾同窓議員懇談会に出席した際、こう記している。

「この会場では、福澤諭吉先生がおっしゃった「諸君が常に大義を重んじ、和して和すべき部分だけは政治上の情熱を離れて同窓の旧情に訴え、以《も》って帝国議会の波乱を静にする」を実践し、いつも与野党共に和やかな懇談の機会となっています」（小宮山さんのウェブサイト）

学生時代に「学費値上げ反対運動」「芸能活動」

立憲民主党の吉田はるみさんは選挙期間中、同窓生が集まったことを伝えている。17年に選挙に初めて立候補し、同窓生と校歌を歌った際、こんなツイートを発している。
「校友が集まり、みんなで熱唱!! 母校愛が盛り上がる。パレードも、みなさん行儀よく、整然と盛り上がり、立教らしい！「愛の魂と正義の心」を大切にする自由の学府、立教大学で学ばせて頂き、本当によかった、としみじみ感じました」（2017年6月12日）
日本共産党の田村さんの学生時代、早稲田大では学費値上げ問題が起こっていた。こうふり返る。

「当時、値上げの問題を詳しく分析し学生に訴えていたのが、日本民主青年同盟のメンバーでした。「学生運動＝危険」と考えていた私は、近づかないようにと思っていたのですが、「値上げしなくても大学は黒字」という分析に納得し、学費値上げの理不尽さに怒りを抑えきれず、少しずつ運動に協力するようになっていました。（略）民青同盟がまじめに社会の問題を考えて行動する団体であることを理解し、さんざん悩んだすえに加盟を決心しました。そして、自分もまわりの偏見をとくような活動をしていこうと、積極的に意見をいい行動しました」（田村智子さんのウェブサイト）

学生運動家といっていい。大学卒業後、民主青年同盟に就職し、2010年、6度目の挑戦で国会議員となり、いまでは党内で共産党委員長に推す声が出るほど、存在感を示すようになった。

これとは対極的だったのが、蓮舫さんである。青山学院大学在学中は音響機器メーカーの「クラリオン」のキャンペーンガール「クラリオンガール」に選ばれ、芸能活動をスタートし、情報番組、報道番組の司会者として活躍する。

慶應は政治家令嬢で附属校出身、早稲田は反骨精神旺盛な在野学生、青学は華やかなモデルさん。昭和のころにイメージされた大学のカラーが国会議員に反映されているところがおもしろい。

22年8月現在、女性議員の割合は衆議院46人（9・9％）、参議院64人（25・8％）、衆参両院110人（15・4％）となっている。全国会議員は713人を数える。22年7月の参院選では候補者、当選者いずれの割合も過去最多だった。女性議員の数は徐々に増加傾向にあるが、世界各国と比べると、この水準はあまりにも低すぎる。列国議会同盟（IPU）がまとめた各国議会における女性比率は、二院制の場合は下院（日本では衆議院）の人数で比較されるため、日本は9・9％で188カ国中164位だった。国会議員のうち女性が占める割合の世界平均25・5％には遠く及ばない。G7諸国、OECD諸国の中で最下位である。

それゆえ、早慶MARCHのOGに期待したい。国会議員になって日本をすばらしい国にしてほしい。

3　女性社長のアイデアが経済を元気にさせる

2020年代、全国で女性の社長はどのぐらいいるだろうか。東京商工リサーチでは毎年「全国女性社長」調査の結果を発表している。

2022年、出身大学別では1位日本大458人、2位慶應義塾大375人、3位東京女子医科大317人、4位早稲田大学312人、5位青山学院大237人、6位日本女子大187人、7位同志社大、8位東京大、9位明治大、10位上智大となっている。早慶MARCH出身の女性社長の推移を表にまとめた（図表7－3）。

「仕事に復帰してからも続けやすい環境づくりを常に考える」

早慶MARCHでもっとも多い慶應義塾大出身の女性社長をみてみよう。

後藤佐恵子《さえこ》さん（経済学部）は2019年、はごろもフーズ社長に就任した。同社は「シーチキン」で広く知られており、1931年創業以来初の女性社長となる。後藤さんは大学を卒業後、味の素、スタンフォード大学経営大学院修士課程、マッキンゼーなどを経て、04年にはごろもフーズに入社した。常務取締役サービス本部長などを歴任する。はごろもフーズの将来について、母校の媒体で語っている。

「まず当社で取り組んでいきたいのは、女性の積極的な登用です。もちろん、産休、育休といった制度を整え、仕事に復帰してからもできるだけ仕事が続けやすいような環境づくりを常に考えています。私自身、自分の経験から切実に感じた時間単位での有給休暇の取得制度を今年から始めたいと思っています」（「三田評論オンライン」2020年4月15日）

図表7－3
企業の女性社長

【2020年】

順位	大学	(人)
1	慶應義塾大	342
2	早稲田大	273
3	青山学院大	222
4	明治大	152
5	立教大	136
6	中央大	129
7	法政大	113

【2021年】

順位	大学	(人)
1	慶應義塾大	372
2	早稲田大	300
3	青山学院大	235
4	明治大	162
5	立教大	145
6	中央大	144
7	法政大	123

【2022年】

順位	大学	(人)
1	慶應義塾大	376
2	早稲田大	312
3	青山学院大	237
4	明治大	165
5	中央大	150
6	立教大	148
7	法政大	121

東京商工リサーチの資料から作成

米良《めら》はるかさん（経済学部）はクラウドファンディングサービス「READYFOR」を立ち上げて、14年に代表取締役ＣＥＯに就任した。21年には、岸田政権で発足した「新しい資本主義実現本部」の「有識者」メンバーとなっている。

矢《や》島《じま》里《り》佳《か》さん（大学院政策・メディア研究科）は「日本の伝統を次世代につなぎたい」という思いから、株式会社和えるを創業した。赤ちゃんを「日本の〝あい〟でお出迎えしたい」という想いから商品化した「徳島県から本藍染の出産祝いセット」などを手がけた。

新《に》居《おり》日《ひ》南《な》恵《え》さん（大学院システムデザイン・マネジメント研究科）は株式会社mammaを率いる。学生が子育て家庭の日常生活に1日同行し、生き方のロールモデルに出会う体験プログラム「家族留学」をスタートさせている。内閣府「結婚の希望を叶える環境整備に向けた企業・団体等の取組に関する検討会」のメンバーでもある。

檜《ひ》原《わら》麻《ま》希《き》さん（文学部）は85年ニッポン放送に入社。デジタル事業局長、編成局長、常務取締役などを経て19年、社長に就任した。「コンサバティブな部分は強くあって、部長以上の会議で女性を見かけることは少ない。ただ、今の時代のほうが、セクハラとかパワハラとかがフィーチャーされやすいぶん、かえってやりにくいのではないかと思うところもあります。女性進出に役に立てるのだったら、後輩のために積極的にアドバイスはして

いきたいと思います」（「三田評論オンライン」2019年10月15日）

「〝たわみ〟を持ち人生を柔軟に切り開いてほしい」

続いて早稲田大である。

鳥海智絵《とりうみちえ》さん（法学部）は1989年に野村證券へ女性総合職2期生として入社した。野村ホールディングス経営企画部長、執行役員などを経て2014年野村信託銀行取締役兼代表執行役社長に就任した。日本の銀行（信託銀行を含む）では初の女性トップとなる。就任まもなく早稲田の広報誌でこう語っている。

「女性の方が結婚や出産など、人生の選択を迫られるタイミングが多いのは間違いありません。生涯設計が大事だといいますが、予期せぬことが起きるのが人生。事前にプランを決め過ぎずに〝たわみ〟を持ちながら人生を柔軟に切り開いていってほしいと思います。学生時代は、その選択肢を広げる貴重な時間です」（「早稲田ウィークリー」2015年4月20日）

赤木由美《あかぎゆみ》さん（第一文学部）は大学卒業後、九州旅客鉄道株式会社に入社。広報や営業、経営企画部門を担当し、12年に同社初の女性部長になり、同年、JR九州ファーストフーズ株式会社の代表取締役社長に就任。JR九州グループで初の女性社長となった。

「思い切りのよさは若さの特権、何事にもどんどん挑戦を」

堤《つつみ》香苗《かなえ》さん（第一文学部）は株式会社キャリア・マムを設立し、結婚や出産を経ても、仕事と家庭のどちらも大切に自分らしく働きたい女性に活躍の場を提供する事業をはじめた。全国11万人の会員をつなぐワークシェアネットワークを作り、社会のニーズとママたちの働く意欲をマッチングできるようにした。内閣府規制改革推進会議行政手続部会専門委員、中小企業庁中小企業政策審議会委員、経産省２０２０未来開拓部会スマートワークに関するワークショップ構成員などをつとめる。

江田麻季子《えだまきこ》さん（第一文学部）は、アメリカ、アーカンソー州立大大学院で社会学の修士号を取得したのち、２０００年にインテル株式会社へ入社した。同社でアジアパシフィック地域のマーケティングディレクターなどを経て、13年社長に就任する（18年退任）。16年に内閣府規制改革推進会議委員に就任、18年から世界経済フォーラム日本代表をつとめる。後輩にこうエールを送る。

「いまの若者達は、生まれたときからインターネットが身近にあった世代だからでしょうか、とても知識が豊富で感心します。型にはめて物事を考えないことも素晴らしい。ビジネスや政治の世界に興味をもつ若者も増えてきて、とても頼もしく思っています。ただ反面、何かをやる前にまずは調べて、知りすぎてしまったがために行動に移すことを躊躇《ちゅうちょ》するような場面も見受けられます。思い切りのよさは若さの特権。何事にもどんどん挑戦していってほしいですね」（国際ビジネスコミュニケーション協会サイト2016年9月5日）

「逃げるな！ 怠けるな！ 照れるな！」

青山学院大はどうか。

ワイス貴代《きよ》さん（文学部）はエア・カナダ日本支社長を経て、同社アジア・太平洋地区統括支社長をつとめている。1985年は男女雇用機会均等法が施行される前年、三井物産に入社し、男性社員の補助的業務を担当していたが、「私も男性と同じように仕事をしてみたい」と思うようになり、退社する。その後、語学を習得し、ユナイテッド航空を経て、エア・カナダに入社した。後輩にこうエールを送っている。

「最近、私が仕事をするうえで大切にしているのが「逃げるな！ 怠けるな！ 照れるな！」という言葉。どこかで偶然目にした言葉なのですが、特に最後の「照れるな！」が気に入って、自分自身を戒めるとともに社員たちとも共有しています。人は、自分が頑張っている姿を他人の目にさらすことに「照れ」を感じて躊躇してしまいがちです。でも、照れていたのでは前に進めません。照れずに、情熱を持って仕事に取り組もう……そう肝に銘じています」(「AGU LiFE」2018年3月19日)

山賀《やまが》琴子《ことこ》さん(法学部)は15年ミス青山グランプリに選ばれ、大手芸能プロダクション、研音に入社、女優として活動し、TBS系の「逃げるは恥だが役に立つ」に出演している。19年株式会社COTOCOTOを設立した。アクセサリーブランドENELSIA(エネルシア)のクリエイティブディレクターを務める。

「お前には無理」と一蹴されるも1年説得して入社

そして、立教大である。

城宝薫《じょうほうかおる》さん(経済学部)は在学中に株式会社テーブルクロスを設立し、外国人観光客に向けた日本食を広めるメディアを立ち上げた。学生起業家ゆえにたいへんな苦労をしたという。「経験や実績がないのはもちろんですが、当時は親の扶養に入っていたこともあり、収入証明書もないので、オフィスを借りることも複合機をリースすることさえも大変でした。経験も浅く、商談も思うように進まないことも多かったです。もし、社会経験を積んでから起業していたら、もう少し早く成果を得られていたと感じることもありますが、若かったからこそ吸収も早く、早い時期に多くの経験を積み幅広い世界感を身につけることができたのは良かったと思っています」（東京都産業労働局東京都創業NET）

石渡《いしわたり》 美奈《みな》さん（文学部）は卒業後、日清製粉に入社したのち、祖父が創業したホッピービバレッジに移り広報宣伝担当、副社長などを経て、2010年社長に就任した。早稲田大大学院商学研究科、慶應義塾大大学院システムデザイン・マネジメント研究科に通い修士号を取得した。こうふり返っている。

「祖父が創業した会社で、父が2代目を継ぎ、2010年に私が3代目のバトンを受けました。私が大学生の頃は、まだ「女性が経営者なんて」という時代。卒業後は別の会社に就職したものの、27歳のとき、やはり家業を継ごうと覚悟を決めました。父に嘆願したら「お前には無理だ」と一蹴されたのですが、1年かけて説得して入社。以来、自ら広告塔「ホッピーミーナ」と名乗って積極的に広報活動を行うなど、業界の異端児と言われながら歩んできました。経営者としての私の使命は、「未来への種まき」です。（略）未来を見据えたさまざまな挑戦を、今後も果敢に続けていきたいと考えます」（季刊「立教」20年11月）

「女性の人生に点ではなく、線で寄り添っていきたい」

明治大、法政大、中央大出身の経営者を紹介しよう。

まず明治大である。

坂梨亜里咲《さかなしありさ》さん（文学部）はmederi株式会社を運営している。自らの4年にわたる不妊治療経験から、医師など専門家による監修のもと妊娠や出産に関わるサービスを展開する「Ubu（ウブ）」をスタートした。「自宅でできるもっとも身近な出産準備」を掲げている。坂梨さんは更年期障害の症状があるため体調を整えながら、35歳までには何とか子どもを授かりたいと願っている。

「やはり自分の手で子育てしたいという夢があり、女性としてもその先に見えてくることがあるのかなと思う。だからあらゆる選択肢を考えています。事業では、私はもともと卵子が少ないから同世代より早く閉経が訪れると医師から言われているので、次は更年期の健康サポートを考えています。私は女性の人生に点ではなく、線で寄り添っていきたい。ようやく線がつながってきたような気がしますね」（「PRESIDENT WOMAN Online」2021年11月25日）。坂梨さんは学生時代、読者モデル経験があり、歌手デビューも果たしている。大学卒業後、大手ファッション通販サイト、ＥＣコンサルティング会社にてマーケティングなどを担当していた。

「過去の研究、技術はどう進化したか。現在はどうか。未来はどうなるか」

続いて法政大だ。

白石小百合《しらいしさゆり》さん（国際文化学部）はテレビ東京アナウンサーを経て、香水販売業Whitteを立ち上げた。初めて香水を持ったのは15歳のときだった。きっかけは語学研修の帰りに立ち寄ったバーグドルフグッドマンの香水売り場で、「初めてブランド品を持つなら香水、まずは見えない〝香り〟で自分を高めるのよ」と勧められたことに感銘を受け購入する。その後、収集した香水は３００以上にのぼった。なぜ、香水販売を始めたか。白石さんはこう綴っている。

「香りの力に目覚めたのはアナウンサーとして局に勤め1～2年後、声が出なくなり味覚がなくなってしまった際に、香りを学んだことで感覚が戻った経験から。心と体、感性と感覚は繋がっていると確信。その後、フランスと日本でそれぞれ調香師に師事し、さらに独学で学び、ブランドを立ち上げる」（Whitteウェブサイト）

中川友紀子《ゆきこ》さん（工学部）はロボットの開発・販売・研修を手掛ける株式会社アールティの創業者である。15年アメリカのROBOHUBによって「ロボット業界で知るべき世界の女性25人」に選出された。学生時代、ロボカップに出場している。

アールティは企業理念としてこう考えている。研究者の世界では「Publish or Perish（出版せよ、さもなくば滅びよ）」、業績を出して生き残りたければ論文を書いて出版せよ、と言われている。これを事業に置き換えれば、サービスやソリューションは、作り出し、世の中に評価され、愛され使い続けられることが必要、ということだ。アールティは小さなベンチャー企業で、社員教育に力を入れて最先端技術を学ぶだけでは生き残れない。失敗を恐れず挑戦し、技術を駆使し、新しい発想で常に作り出すことで実績を出そうとしている。中川さんが1990年代にすごした学生時代は人工知能技術の基礎研究が進められている段階だった。当時をこうふり返る。

「大学で出会う多くの教授が「もしコンピュータ性能が今後向上したら、何ができるか、あと10年後、20年後に実現できることを考えながら研究をやりなさい」と話されていました。教授が未来を指し示すことはなく、過去の研究・技術はどのように進化してきたか。現在はどうか。未来はどうなるか。それを常に学生に考えさせてくれました」（「中央大学案内2022」）

「自分はできる」と信じられると力が湧いてくる

最後に中央大である。

尾崎美紀《おざきみき》さん（総合政策学部）はコスメ商品を展開する企業、DINETTEを経営している。学生時代、芸能界で活動していたとき、ヘアメイクをしてもらった経験がきっかけとなり、美容にのめりこんでしまい、美容関連の会社を作った。尾崎さんは、自分が自分のファンで居続けようとするのは、人生においてすごく大切なことだと考えている。つらくてつい諦めたくなる日もあるけど、それを乗り越えた時に「自分頑張ったな」と認めてあげることが大事だという。こう話す。

「私も創業時はぜんぜんうまくいかないこともたくさんあって、自己肯定感が低い時期もありましたけど、自分の頑張りに対してきちんと評価することを続けていれば、成長もわかるし、自分を好きでいられる。『自分はできる』と信じられると力が湧いてくるし、そうやって結果を出す人間になれたら、辛いことも笑い話になりますよね（笑）。経営者として成功して、そんなロールモデルの1人になりたい」（「Forbes JAPAN」2022年6月10日）

4　航空業界ではばたく女性たち

パイロットは男性、キャビンアテンダントは女性。こんな性別役割分担が普通に行われていた時代があった。1990年代ぐらいまでの話だ。

2020年代、女性のパイロット、男性のキャビンアテンダントが増えている。早慶MARCH出身で、航空業界で活躍する女性を紹介しよう。

「引き返すか、不時着をするか、目的地に向かうか」

早慶MARCHのなかで唯一、パイロットを養成する専攻がある。法政大理工学部機械工学科航空操縦学専修だ。在学生が次のように話す。

「操縦の技術に加え、法律、管制、気象、工学など幅広い知識を兼ね備え、乗客に細やかな心遣いのできるパイロットを目指し、勉強の日々です」（「法政大学案内2023」）

法政大OGの女性パイロットが活躍している。

航空操縦学専修の1期生のTさんは12年ANAウイングスに入社。地上勤務と飛行訓練などを経て、15年からボーイング737－500のパイロットとして勤務している。学生時代を、自分が足りないと感じたのは判断力と決断力だったとふり返って、悪天候の下で燃料が限られた状況の中、引き返すのか、不時着をするのか、それとも目的地に向かうのか、そうしたシミュレーションを何度も繰り返した。地上のことであれば知識と技術があれば正解が得られるが、必ずしもそうはならない。プラスアルファの瞬時の判断と決断が求められるからだ。大学の広報誌でこう語っている。

「実は在学中に、仕事として必要な事業用ライセンスの取得をあきらめようと考えたこともありました。思い直したのは、教授の持つ判断力と決断力を横で見て、自分もこのような素養を身に付けたい、そして、プロのパイロットとして成長したいと思ったからです。そのとき、初めて夢を具体的な目標として捉えられたのだと思っています。（略）実際に仕事として携わると、大学で学んだ航空法などの法律や、安全工学などの理論が生きています。私自身はいわゆる「リケジョ」ではなく、どちらかというと機械工学などは苦手でしたが、責任ある立場に身を置くと、あのとき学んだ知識が現場で役に立つのだと実感することが多々あります」（「法政」16年10月）

Tさんの後輩、航空操縦学専修出身で、ANAウイングスの副操縦士、Hさんはこうふり返っている。

「男性よりも手足が短いため最初の操縦訓練は苦労したが、筋力の差はほとんど感じていない」「まずは自分が担当する便にしっかり向き合い、人として、パイロットとしてのスキルをあげる。お客さまや地上スタッフ、管制官の皆さん、キャプテンに感謝の気持ちを持って乗務したい」（八重山日報ウェブサイト21年9月16日）

JAL737機長、飛行訓練教官のFさんは立教大を卒業後、アメリカ・カリフォルニア州リバーサイド市営空港のパイロット養成学校、国内のパイロット養成学校で学び、パイロットのライセンスを取得した。2000年に副操縦士となり、10年には日本初の女性機長に昇格している。

「せっかく自由な環境にいるのだから、興味を持ったことは何でも挑戦し、自分の道を決めていけばいい。たとえ周りから『無理に決まってる』と言われても、諦める理由は探さなくていい。だって壁は高ければ高いほど楽しい。経験者の私がそうであったように」（季刊「立教」17年7月）

「国籍や移動の自由について理解を深めたい」

キャビンアテンダントは現状まだ女性が多い。早慶MARCHの採用者を表にまとめた（図表7－4）。

早稲田大法学部出身（2019年卒）の女性は全日空のキャビンアテンダントとして働く。彼女は幼少のころからタイで生活し、生活の不平等さに疑問を抱き、住む場所を奪われ弱い立場にある人を守る法律を勉強したく、大学では国際法のゼミで難民問題を調べ、学ん

図表7－4
キャビンアテンダント採用者

【2018年】

順位	大学	（人）
1	青山学院大	49
2	立教大	39
3	早稲田大	35
4	法政大	27
5	明治大	27
6	中央大	20

【2019年】

順位	大学	（人）
1	青山学院大	77
2	立教大	42
3	明治大	39
4	法政大	21
5	早稲田大	18
6	中央大	16

【2020年】

順位	大学	（人）
1	青山学院大	71
2	立教大	46
3	法政大	37
4	早稲田大	29
5	明治大	25
6	中央大	21

【2016～2020年累計】

順位	大学	（人）
1	青山学院大	306
2	立教大	177
3	法政大	139
4	明治大	136
5	早稲田大	124
6	中央大	99

大学通信調べ。慶應義塾大は未集計

だ。こう話す。

「ゼミを通して人権への問題意識を養ったことで、本来保障されるべき移動の自由が制限されているこの状況を、人権という観点で見ることができています。今後は仕事を通して抱いた疑問をもとに、国籍や移動の自由について、さらに理解を深めたいです」(「早稲田大法学部案内2023年度版」)

なるほど、国際線のキャビンアテンダントは世界中の人々と接することができ、「国籍や移動の自由」にまつわる実態を目の当たりにできる。飛行機内でさまざまな乗客とコミュニケーションをとるなかで、国籍、民族の問題で大変な思いをしている人たちと出合うことがある。そこで彼らの人権を守るにはどうしたらいいかを考える。華やかな職業として思われがちなCAだが、それだけではない。いわば機上で接客を積み重ねるうちに、人権のあり方をもっと知りたくなる。こうした姿勢は、大学での学びがあってこそ。すばらしいことだ。

5　小説家、早稲田OG、ノーベル文学賞候補への期待

「小説は意外なところに答えが潜んでいることを教えてくれる」

早稲田大出身者にはノーベル文学賞候補が2人いる。

小説家の村上春樹さん、多和田葉子《たわだようこ》さんだ。多和田さんは第一文学部ロシア文学科卒業後、西ドイツ（当時）のハンブルク大学大学院修士課程を修了、82年から06年までハンブルク、それ以降、今日までベルリンに在住している。93年に『犬婿入り』で芥川賞を受賞した。その後、伊藤整文学賞、谷崎潤一郎賞、紫式部文学賞、野間文芸賞などをとっている。18年に『献灯使』で全米図書賞翻訳部門を受賞した。

早稲田大広報誌で後輩にこう語りかけている。

「人間関係や将来について悩みを抱えることは、毎日のようにあると思います。そんな時に本を読めば、必ず何かをつかみ取れるはずです。特に、海外の文学や日本の古典文学は、現代社会に生きる皆さんとは全く違う視点から、『意外なところに答えが潜んでいるんだよ』と教えてくれるでしょう。文学は重要だからで読むものではなく、読まなければ生き延びられないから、読むもの。視点を変え、視野を広げることで、悩みから解放され呼吸ができるようになる。それは文学ならではの体験だと思います」（『CAMPUS NOW』No.241

2021年10月）

日本人女性初、早稲田大発のノーベル賞受賞が十分に期待できる。

早稲田大は多くの女性小説家を送り出した。芥川賞受賞者に小川洋子さん、綿矢りささん、絲山秋子《いとやまあきこ》さん、直木賞には乃南《のなみ》アサさん、三浦しをんさん、角田光代《かくたみつよ》さんなどがいる。

小川さんは現在、芥川賞選考委員をつとめている。

早稲田は陰のある学生でも受け入れる雰囲気が

早稲田大で小説家が誕生する系譜の1つに第一文学部（当時）、文芸コース（文芸専修）があった。指導教員は平岡篤頼《ひらおかとくよし》教授で卒業論文には小説を書かせることで有名だった。教え子には栗本薫《くりもとかおる》さん、見延典子《みのべのりこ》さん、小川洋子さん、角田光代さんなどがいる。見延さんは卒業論文の小説『もう頬づえはつかない』が50万部以上のベストセラーになった。大きな賞と縁はなかったが、「大胆な女子大生の性描写」と宣伝され、桃井かおりさん主演で映画化されている。

綿矢りささんは高校在学中に『インストール』で文藝賞を受賞し、早稲田大学入学後に発表した『蹴りたい背中』で芥川賞を受賞した。同賞受賞の最年少記録である。この作品を掲載した『文藝春秋』２００４年3月号は初回80万部が完売し増刷で１１８万５０００部を売った。同誌の最多発行部数を更新する。

綿矢さんはキャンパスではふつうに学生生活を送っていた。当時をこうふり返っている。

「「大学でよく声を掛けられたでしょう？」と聞かれるんですけど、全然そんなことありませんでした。むしろ学生さんたちは冷静で、特にいつもと変わらないような感じですかね。昼は授業を受けて、帰宅して夜になると小説を書くという毎日。生活のリズムを崩してつらい日々だったけど、早稲田はちょっと陰のある学生でも受け入れるような雰囲気があったので、自分が浮くような感覚はありませんでした」（「毎日新聞」２０１９年9月18日）

慶應義塾大出身では荻野《おぎの》アンナさん、朝吹真理子《あさぶきまりこ》さんがいる。荻野さんは22年まで文学部教授をつとめた。

『彼女は頭が悪いから』で描かれた東大生

明治大には山田詠美《えいみ》さん、中沢けいさん、落合恵子《おちあいけいこ》さん、作詞家の阿木燿子《あきようこ》さんなどがいる。落合恵子さんは大学卒業後、文化放送アナウンサーとなり高校生、大学生から絶大な人気を集めた。その後、小説を発表し、１９８０年代前半に出版した『ザ・レイプ』では性暴力の被害者のセカンドレイプを描き、多くの問題提起を行っている。この小説は映画化され、主演は明治大OGの女優、田中裕子さんがつとめた。

青山学院大はあさのあつこさん、姫野カオルコさん、松浦理英子《まつうらりえこ》さん、詩人の伊藤比呂《ひろ》美《み》さん、コラムニストの山田美保子さんなどがいる。あさのさんは児童文学分野で活躍し小説『バッテリー』は1000万部を超えた。松浦さんはレズビアンの性愛を描いた『ナチュラル・ウーマン』が高い評価を受けている。

直木賞を受賞した姫野さんは、16年に起きた、東大生・東大大学院生5人による女子学生への集団強制わいせつ事件から着想した小説『彼女は頭が悪いから』を出版する。女子学生が東大生の言いなりになってしまったことの悲哀、加害者の東大生がもつ差別的な意識が描かれている。18年に東大で行われた同書に関するイベントでは、ある東大教授から事実と異なる描写、誇張した表現が「東大への誤った認識を生む」など批判された。これについて、姫野さんはこんなメッセージを送っている。

「他を見おろす高さにある皆さんなのですから、ここは誇り高く、紳士淑女になってください。どうか、お箸をきれいに使ってください。どうか、食べるとき、テーブルに肘をつかないで。そして、どうか、他者ときちんとご挨拶のできる紳士淑女になってください。

こんなエールを私から送られても余計なお世話でしょう。でも、何大学だとか何屋さんだとかいう以前に、社会で生活する人として当然の嗜みを、東大卒や東大生なら、優雅に心得ていてほしい。「さすがは東大」と周囲から感心される。それこそが東大生のプライドだと祈っております」（「東大新聞オンライン」2019年2月7日）

立教大には直木賞受賞の村山由佳《ゆか》さん、島本理生《りお》さんがいる。『鹿の王』で本屋大賞を取った上橋菜穂子《うえはしなほこ》さん、『負け犬の遠吠え』で婦人公論文芸賞を受賞したエッセイストの酒井順子さん、ほかに新井素子《あらいもとこ》さん、柚木麻子《ゆずきあさこ》さんなどがいる。

中央大には直木賞を受賞した木内昇《きうちのぼり》さんがいる。また、「コバルト四天王」と呼ばれた1人の田中雅美さんもOGだ。「コバルト四天王」とは、集英社が刊行した少女向けライト小説のコバルト文庫の人気小説家4人をさす。ほかの3人は久美沙織さん、正本ノンさん、氷室冴子さんである。

第8章　早慶MARCH、研究最前線の学者、スター教授たち

1　最先端研究に挑む早慶MARCHの大学教員

歴代ノーベル賞学者（日本国籍または日本出身の学者）のなかに早慶MARCH出身者＝学部卒業、大学院修士または博士の修了、学位保持で早慶MARCHに関わる者はいない。また、早慶MARCHで現職だった教員もいない。客員や特任の教員になっていた方もいないようだ。

早慶MARCHにおいてノーベル賞にもっとも近いのは文学賞受賞が期待される、早稲田大出身の村上春樹さんだろうか。最近では同大学出身の多和田葉子さんの名前も挙がっている。

ノーベル平和賞はどうか。同賞を受賞した佐藤栄作クラスの「平和貢献」業績を持った人物は、早慶MARCH出身者では見当たらない。存命する首相経験者では、森喜朗、福田康夫、野田佳彦、岸田文雄（早稲田大）、小泉純一郎（慶應義塾大）、村山富市（明治大）、菅義偉（法政大）〈以上、敬称略〉がノーベル平和賞をとれるとは思えない。北朝鮮拉致、北方領土、ロシアのウクライナ侵攻といった問題を解決する行動を起こしていれば、受賞の可能性があったかもしれない。しかし、いま、彼らにこうした業績を望むのは難しい。

大学という観点でノーベル賞を捉えるならば、自然科学分野、経済分野の最先端研究を探ったほうがいい。ノーベル賞の物理学賞、化学賞、生理学・医学賞、経済学賞である。

ノーベル賞学者、早慶MARCHから生まれるか

早慶MARCHのなかでノーベル賞に近い大学は慶應義塾大である。理、工、医、薬、経済学を教育、研究する部署（学部、研究所）が揃っており、物理、化学、工学、生理学、医学、経済学などの教員が活躍しているからだ。

2000年代後半、神経科学専門誌「BRAIN and NERVE」（09年6月号）では、慶應義塾大医学部教授の岡野栄之《ひでゆき》さん、京都大教授の山中伸弥《やまなかしんや》さんなどが、iPS細胞のこれまでの歩みとこれからの研究の行方について鼎談《ていだん》を行っている。

同誌で山中さんは岡野さんについてこう語っている。

「岡野先生が、いま神経系の細胞への分化誘導の研究を行っておられますので、正しい知識を持っておられると思います」

山中さんのノーベル賞受賞が12年なので、その3年前に岡野さんの研究業績を評価したことになる。2000年代、山中さんはiPS細胞研究では世界的に名を知られていたが、慶應義塾大の岡野さんも注目されていた。山中さんと岡野さんは共同で研究していたことがあり、いわば盟友関係にあった。慶應義塾大関係者のあいだでは、岡野さんをノーベル賞候補だったと評する者もいる。

2012年、慶應義塾大の大学新聞では、同大学の「ノーベル賞候補者」について触れている。同紙記者がかなり熱心に取材、執筆している。

「ヒトや動物の脳や脊髄の活動に関連した、血流動態反応を視覚化するfMRIを開発した慶大訪問教授の小川誠二教授、世界最高速のプラスチック光ファイバー開発者である慶大理工学部教授の小池康博教授、学習・記憶などの高次脳機能の働きを助ける細胞内カルシウムの動態と、脳疾患との関係の研究を行う慶應義塾評議員の御子柴克彦《みこしばかつひこ》教授らだ。いずれも理工、医学界で研究が評価されている」(「慶應塾生新聞」12年11月19日)

御子柴さんは慶應義塾大医学部出身、10年代は同大学客員教授をつとめた。小川さんは、研究情報会社「トムソン・ロイター」(クラリベイト)から論文引用度回数の多さでノーベル賞医学・生理学賞の有力候補者として挙げられている。

なお、御子柴さん、小川さんの2人は慶應医学賞を受賞している。同賞は国内のすぐれた最先端研究に与えられるもので、これまで本庶佑《ほんじょたすく》さん、大隅良典《おおすみよしのり》さんがノーベル賞を受賞する前に取っている。

小池康博さんは慶應義塾大工学部出身で、現在は名誉教授だ。小池さんが開発した高速プラスチック光ファイバーは、従来インフラとして使われてきたガラス製の光ファイバーより優れており高速通信が可能となる。小池さんは高校生を前にこう話している。

「近い将来、この革新的な素材を用いた通信回線で大型テレビやタブレットなどあらゆる情報をつなぐ時代がやって来ると確信しています。皆さんに伝えたいことは、叶えられないくらい大きな夢を持って欲しいということです。己の小ささを感じながら必死に努力するとき、人は最も成長するからです」(「東進タイムズ」16年4月1日号)

「夢物語の研究と思われていたが、世界で心不全に悩む方々の力になりたい」

2022年、慶應義塾大医学部教授でHeartseed株式会社社長の福田恵一《けいいち》さんが、22年度日本医師会医学賞を受賞した。福田さんは「心筋再生医療」という領域に挑み、1999年に世界で初めて、骨髄間葉系幹細胞から心筋細胞を作製することに成功し、再生医療の可能性を切り拓《ひら》いた。その後、高純度の心筋細胞を大量に製造するために、ES細胞やiPS細胞を用いた研究に取り組んでいる。

こうして、心筋細胞への効率的な分化方法や残存するiPS細胞や心筋以外の細胞を除去する純化精製方法など、心筋再生医療の実用化、産業化に必須な独自技術を開発してきた。心不全に苦しむ患者を一人でも多く救うために、これらの成果を産業化・一般医療化するためにはどのような道がベストなのかを考えて研究を進めた。実績は国の内外からノーベル賞クラスと評価されている。福田さんは日本医師会医学賞の表彰式でこう話している。

「この研究を始めた当初は夢物語の研究と思われていましたが、科学の力で一歩一歩課題を克服し、臨床応用できるまで漕ぎ着けることが出来ました。この授賞は大変名誉なことであり、嬉しく思っております。これを機にさらに技術を飛躍させ、世界で心不全に悩む方々の力になりたいと考えています」(Heartseed社ウェブサイト)

慶應医学賞、日本医師会医学賞のほかに、医学関連で権威がありステータスが高い賞がいくつかある。朝日賞、上原賞などだ。上原賞は生命科学、特に健康の増進、疾病の予防、および治療に関する諸分野の研究において顕著な功績を上げ、引き続き活躍中の研究者が対象となる。本庶佑さん、御子柴克彦さん、山中伸弥さんが受賞している。

最近では、20年に慶應義塾大学医学部教授の吉村昭彦さんが「サイトカイン応答を制御する分子機構の発見とその病態解明」で、21年には同大学医学部教授の岡野栄之さんが「幹細胞システムを用いた中枢神経系の再生医学と疾患研究」で受賞した。

これは、もしかしたら慶應義塾大からノーベル賞受賞者誕生も夢ではないかもしれない。おおいに期待したい。

「ネイチャー」「サイエンス」に登場する早慶MARCH

早慶MARCHの大学教員の研究レベルを知る1つのツールが、権威ある国際的な科学専門誌への論文掲載である。数ある科学専門誌のなかでも、飛び抜けてランクが高いのが、「ネイチャー」「サイエンス」だ。この2誌にどれくらい論文を載せられるかで、科学者の評価は決まる。研究資金獲得にも、大学や組織内の出世にも大きく影響する。昨今では極度の専門分化が進んでいる科学専門誌の世界で、この両誌には、古き良き科学の「匂い」が残っている。科学のあらゆる分野をカバーしている、総合科学週刊誌である。

「サイエンス」はアメリカの科学振興協会（AAAS）の機関誌という位置づけで、協会

図表8－1
科学誌への論文掲載
(2012～2021年)

「ネイチャー」

大学	掲載数
慶應義塾大	189
立教大	29
早稲田大	8
中央大	6
青山学院大	4
明治大	3
法政大	1

「サイエンス」

大学	掲載数
慶應義塾大	42
立教大	16
早稲田大	13
青山学院大	6
明治大	6
法政大	1

の会員には無料で配布されるが、ふつうに書店で買うこともできる。全世界の読者数は（いわゆる回し読みを含めて）１００万人程度といわれる。「ネイチャー」はドイツ出版大手ホルツブリンク傘下の出版社の商業誌で、読者数は40万人程度だ。「ネイチャー」は親会社の関係で、一般向けの科学誌「サイエンティフィック・アメリカン」（日本版は「日経サイエンス」誌）と姉妹関係にある。

最近は両誌とも本誌のほかに専門性の高い分野に特化した姉妹誌を発行し始めた。「科学」の概念は17世紀のヨーロッパが起源といわれるが、第2次世界大戦後、世界の科学論文数は驚異的に増えており、「ネイチャー」「サイエンス」いずれも編集部だけでは送られてくる論文をレフェリーしきれなくなってきたのかもしれない。

「ネイチャー」「サイエンス」の投稿論文の却下率が93％程度とされる。それだけ厳しい審査を受けるなか、日本の大学に所属する研究者は果敢に挑戦している。

12年から21年まで「ネイチャー」「サイエンス」に掲載された早慶MARCHの教員を集計した（図表8－1）。ここでは17年から21年までに掲載されたおもな教員を紹介しよう。このなかからノーベル賞受賞者が生まれないとは限らない。頭に留めておいてほしい。

（1）「ネイチャー」

●早稲田大
片岡淳《じゅん》、服部《はっとり》正平《まさひら》、札本《ふだもと》佳伸《よしのぶ》

●慶應義塾大
金井《かない》隆典《たかのり》、佐藤優子、上蓑《うわみの》義典《よしふみ》、新《あたらし》幸二《こうじ》、成島《なるしま》聖子《まさこ》、盛一《もりとき》伸子《のぶこ》、石川景子、中鉢《ちゅうばち》正太郎、朝倉崇徳《たかのり》、長谷川直樹、田中拓《ひろむ》、田之上《たのうえ》大《たけし》、南木《なんき》康作《こうさく》、入江潤一郎、末松誠、利光《としみつ》孝太《こうた》

●明治大
渡邉《わたなべ》友亮《ともあき》

●青山学院大
坂本貴紀《たかのり》、澤田《さわだ》真理《まこと》

●立教大

岩崎啓克《いわさきひろよし》、荒川真範《まさのり》、斎藤新也、山田武尊、星野晶夫《あきお》、辻直美、田口真《まこと》、内山泰伸《やすのぶ》、福原哲哉、北本俊二

●中央大

勝田《かつだ》哲《さとる》、坪井陽子、シュテファン・ホーテス

●法政大

伊藤綾香《あやか》

（2）「サイエンス」

●早稲田大

胡桃坂仁志《くるみざかひとし》、新倉弘倫《にいくらひろみち》、須田《すだ》亙《わたる》、ヘバ・シェハタ・サイド、服部正平、守屋《もりや》和佳《かずよし》

●慶應義塾大

伊藤裕《ひろし》、三浦《みうら》会里子《えりこ》、松田恵子、杉浦悠毅《すぎうらゆうき》、村山綾子、島田達哉、本田賢也、木村生《いく》、有田誠、柚崎通介《ゆざきみちすけ》、鈴木邦道《くにみち》

●明治大

鈴木秀彦、石丸喜朗、戸田安香

●青山学院大

坂本貴紀

●立教大

亀田真吾、小田原真樹《まさき》、田口真

●法政大

廣野《ひろの》雅文《まさふみ》

「画面ばかり見ていないで、本物の自然に目を向けていきましょう」

「ネイチャー」「サイエンス」両誌に論文が掲載された教員を見てみよう。

青山学院大学理工学部教授の坂本貴紀さんの専門分野は宇宙物理学、X線・ガンマ線天文学である。同研究室では、重力波源の電磁波対応天体を宇宙、そして地上の観測装置を用いて行っている。坂本さんは研究の魅力についてこう記している。

「重力波はアインシュタインの一般相対性理論にて予言されていたもので、LIGOの発見した重力波は太陽の数十倍の質量をもつ2つのブラックホールが合体した時に発生したものであると考えられています。さらに、2017年8月17日、LIGO、そしてイタリアのVirgoにより観測された重力波は中性子星同士の合体により発生したもので、この重力波からは電磁波対応天体が発見され、いよいよ重力波天文学の幕開けとなりました」（研究室ウェブサイト）。重力波と光の天文学が結びつくことで、今まさに新たな天文学、重力波天文学が花開いていることを、訴えている。

坂本さんはメディアで研究内容を発信しており、ツイッターでこんな告知をしたことがある。

「子供の頃、元気が出るテレビで見ていたあの高田純次さんに青学でのキューブサット開発についてお話しさせて頂きました。夢のような時間でした。どれだけの時間、じゅん散歩で紹介されるのか分かりませんが、是非、ご覧下さい（青学の相模原キャンパスはしっかりと紹介されると思います）」（22年10月23日）

立教大理学部教授の田口真さんは、22年地球電磁気・地球惑星圏学会（SGEPSS）の「田《た》中舘《なかだて》賞」を受賞した。同賞は、地球電磁気・地球惑星圏学会の会員の中で、地球電磁気、地球惑星圏科学において顕著な学術業績をあげた研究者に授与される。田口さんは、光学装置によって得られた観測データに基づいて成層圏オゾン、オーロラ、惑星大気などの研究に取り組む。金星探査機「あかつき」搭載中間赤外カメラの責任者として、カメラの運用及び金星大気の研究を主導していることなどが高く評価されての受賞だ。

田口さんはこう話す。

「未知の世界を探究することのおもしろさに魅せられて、理学研究者の道に入りました。これまで、研究でうまくいかないことも多々ありましたが、めげずに続けて来たことが評価されたのかと思います。私が行っているような世の中に直接役立たない基礎科学分野の研究は立教大学の「自由の学府」という研究環境があってこそ進められました。地球上では明るいニュースが少ない昨今ですが、地球の外にはまだ人類が知らないわくわくするような世界が広がっています。皆さん、画面ばかり見ていないで、本物の自然に目を向けていきましょう」（立教大理学部ウェブサイト）

「10万人レベルの腸内細菌のデータベースがつくれれば将来の役にたつ」

早稲田大理工学部教授の服部正平さんの研究チームでは日本を含め12カ国の腸内細菌の比較研究を行ったいま、5000人規模の腸内細菌のデータを、食生活や環境、病歴、薬の服用など、さまざまな要素と結びつけ、読み解く作業を行っている。腸内細菌が似た特徴をもつようになる要因は何かをひも付いたデータから絞りこもうとしている、服部さんはこう話している。

いま、アメリカ、ヨーロッパ、中国などで、個々人の腸内細菌の様子を100万人規模で調べて、データベース化する構想が進められている。細菌の種類や数、構成比などのデータを食生活や健康状態、生活習慣、病歴などと合わせて蓄積することで、健康や病気との関連性を分析するものだ。服部さんはこう話している。

「100万人プロジェクトには、ぜひ日本も参加すべきです。病気のひとも、健康なひとも、赤ちゃんからお年寄りまで、日本で10万人レベルの腸内細菌のデータベースがつくれれば、間違いなく、将来の役にたちます」「プロジェクトは、いずれにしろ5年、6年はかかるはず。あせる必要はない。ゆっくりでもいいから、10万人規模の基盤をつくる準備を積み上げていくことが大事です」（「朝日新聞Reライフnet」21年5月21日）

早稲田大に医学部待望論が依然として強くあるのは、医学、生理学分野での研究が弱いからだ。このままでは、ノーベル賞受賞では慶應義塾大に先を越されてしまう。そんな危機感を抱き続けている。

こんなことがあった。

早稲田大出身者の女性研究者がＳＴＡＰ細胞の発見を宣言した直後のことである。早稲田大の経営幹部が嬉しそうに次のような長期計画を語ってくれた。早稲田大にＳＴＡＰ細胞研究所をつくり研究者を教授、所長として招聘《しょうへい》→研究者はノーベル賞受賞→早稲田大は近くの医科大を吸収して早稲田大医学部を設置し初代学部長に研究者さんが就任→早稲田大で女性初、史上最年少40代の総長就任→世界ランキングで慶應を抜いて東大に迫る――。

はかない夢だったが、女性研究者は増えている今日にあって、新しいスター研究者の登場を期待したいところだ。

最後に経済学賞について。同賞では日本人研究者が候補にあがったことがある。ハーバード大、スタンフォード大、東京大、京都大の教壇に立っていた理論経済学の重鎮に期待されていたが、かなわなかった。ノーベル経済学賞の受賞論文は高度な数式で経済を分析、予測したものが多い。

早稲田大政治経済学部の数学必須化によって、数学好きが早稲田で経済学をきわめるようになり、何十年か経ってノーベル賞クラスの論文を発表する。そんな未来を期待したい。

2　メディアに登場するスター教員たち

生まれて初めて大学教員の存在を知る。何がきっかけであろうか。大学教員が家族や親戚にいる人は別として、おそらくネット、メディア、出版物を通してではないだろうか。小中学生のとき、ツイッターなどSNS、テレビの報道、討論、情報、クイズ、バラエティー番組に大学教員が登場する。社会や理科の教科書、参考書、そして専門分野の入門書、教養書、実用書の書き手として大学教員が並ぶ。こうして大学教員と遭遇することで、彼らの仕事がなんとなくわかる。ものをよく知っている、そして教えてくれる、偉い人たちだということを。

なかでもネット、テレビなどメディアの威力は大きい。十万単位の「いいね」がついたり逆に炎上したりする。バラエティー番組ですっかり人気者になる。本人は不本意だろうが、「タレント教授」といわれることもある。

本章では彼らを広い意味でスター教員と呼ぼう。

大学の役割は教育、研究、社会貢献に分けられる。スター教員の活躍はむずかしい専門分野をわかりやすく解きほぐすという意味で社会貢献に位置づけられる。彼らはウクライナの戦争、国葬、旧統一教会などをどう解きほぐしたか。早慶MARCHのスター教員の発言を見てみよう。

「ロシアもウクライナも両方悪い」という議論は適切ではない

ロシアのウクライナ侵攻について早慶MARCHの教員は黙っていられなかった。

明治大教授の重田園江《おもだそのえ》さんは最新刊で政治思想家ハンナ・アーレント、映画監督セルゲイ・ロズニツァを通じて、ロシアによるウクライナ侵攻を歴史的に読み解いている。こう記している。

「前世紀の遺物だったはずの全体主義が、ロシアでは現在に至るまでつづいているということを何度も思い知らされる。これはひどく衝撃的で恐ろしいことだ。だが、ロシアに関して現在報道されている事実を考え合わせると、そこに跋扈《ばっこ》する「ソ連の亡霊」、とりわけ秘密警察の暗躍が、世界への差し迫った脅威だと思わざるをえないのだ」（『真理の語り手　アーレントとウクライナ戦争』（白水社））

慶應義塾大法学部教授の細谷雄一《ほそやゆういち》さんは、ツイッターで「ロシアもウクライナも両方悪い」は不適切と発信し、ウクライナ侵攻について「戦争はどちらも悪い」論を批判した。これに対して、2万件以上の「いいね」が付く。

「なぜ「ロシアもウクライナも両方悪い」という議論が適切ではないのか。それは国際社会にもルールや規範があるから。ロシアの行動は、国連憲章2条4項の国際紛争解決のための武力行使を禁ずる国際法違反。ウクライナの行動は、同51条の個別的自衛権行使に基づくもの。国連総会も日本政府も、それに賛同」(22年3月26日)

細谷さんは、このツイートに関連して、「ウクライナにも責任」があることは、ロシアの軍事侵略を免責することにはならない。侵略国と被侵略国の区別を付けず「中立」であるとして、戦争は「両方悪い」というロジックを通せば、第2次世界大戦でのナチス・ドイツの侵略、日本の戦争責任などすべて免罪することになりかねない、戦後秩序の根幹が崩れる、と主張している。

細谷さんは、15年に安保関連法案が大きな議論になったとき賛成する立場をとっている。著書に『安保論争』(ちくま新書)、『国際秩序——18世紀ヨーロッパから21世紀アジアへ』(中公新書)などがあり、15年7月、衆議院の特別委員会で次のように述べた。

「国際社会における緊密な協調を実現する上では、従来の安全保障法制では十分ではないということが大きな課題であって、したがって、私は、そのような二十世紀の歴史の教訓から、日本一国ではなくて、国際社会の中で協調行動をとって日本が安全保障を考えていく上では、今回の平和安保法制というものが非常に重要な意味を持つというふうに考えております」

「日本は自ら核武装すべきで、それでしか守れない」

ロシアのウクライナ侵攻に伴い、日本でも核保有論を唱える大学教員が出てきた。早稲田大社会科学部教授の有馬哲夫さんはこうツイートしている。

「私がいつもいっていることは、アメリカの核兵器はアメリカ人の税金で、アメリカ国民を守るために作られたということを忘れてはいけないということです。だから、核攻撃に日本がどう対処するかという判断が他国に左右されてはならない。日本は自ら核武装すべきで、それでしか守れないというもの」（22年10月7日）

有馬さんはメディア、広告、大衆文化を研究テーマとする。著書には戦後の裏面史ともいうべきテーマが多い。『原発・正力・ＣＩＡ　機密文書で読む昭和裏面史』（新潮新書）、

『原発と原爆「日・米・英」核武装の暗闘』(文春新書)など。

中央大法学部教授の野村修也さんは防衛論議が行われなかったことに危機感を示して、ツイッターでこう発信した。

「我が国では、侵略戦争の反省の名の下に長らく防衛問題はタブー視されてきた。本来防衛は戦争を仕掛けられないようにすることで戦争を回避する手段なのだが、我が国では「戦争ができる国になる」と言われ忌み嫌われて来た。この考え方によれば日本の防衛を重視した安倍元総理は極悪人なのかも知れない」(22年9月19日)

安倍晋三・元首相への再評価と言っていいだろう。

野村さんは「news every.」「情報ライブミヤネ屋」(以上、日本テレビ)、「あさチャン!」(TBS)などでコメンテーターをつとめてきた。専門は商法で、M&A、不祥事に伴うコンプライアンスが話題になったとき、ていねいに解説する。


「政府による安倍元首相の国葬の決定は、日本国憲法に反する」

22年7月、安倍・元首相は銃弾に倒れて亡くなり、9月、国葬が執りおこなわれることになった。これに反対する大学教員たちがおり、法律学者は有志を募って、「政府による安倍元首相の国葬の決定は、日本国憲法に反する——憲法研究者による声明——」を発表した。賛同者は85人に及ぶ。

「宗教性を払しょくして行うとしているが、個人の死に関係することであるから宗教儀式の一環と受け止める国民も多いはずである。これを国家が私人に代わって国費で実施することが異常なのであり、国が実施することに格別の政治的な効用があると推定されてしまう（憲法20条3項、89条の政教分離原則）。もしも、国葬をもって死者を必要以上に美化し、それを国民の記憶に残し、政治的効果を意図し、現政権の継続を願うものであれば、そのことこそ国家の行為を厳格に制約しようとする、日本国憲法の立憲主義の構造に反することになるおそれがあると考えられる」

この声明において、早慶MARCHの賛同人には、江《え》原勝行《はらかつゆき》、水島朝穂《あさほ》（以上、早稲田大教授）、大津浩（明治大教授）、高佐《たかさ》智美《ともみ》（青山学院大教授）が並んでいた。

慶應義塾大法学部教授の片山杜秀《かたやまもりひで》さんは、国葬という発想は畏れ多いということに昔の世代の政治家だったらなったが、天皇という良くも悪くも権力の増長を食い止めるブレーキになってきたものが効かなくなっている、と捉えている。民衆愛国一枚岩大運動としてのファシズム運動による新しい政権などが誕生する基礎が整いつつあるのではないか、その一里塚としての天皇でない者の国葬が行われたのでないか、と考えているのだ。こう記している。

「自民党の右派的なものが他の政党とくっついて、これまでの自民党よりももっとずっと右寄りというか、そういうような政権を国民が支えていくような方向に日本が行く可能性は、ある程度あるだろうと。そうじゃないと今の状況というものを私は理解できない。ついにファシズム前夜、天皇を不在として、ひたすら強い日本を求める愛国運動が盛り上がりうる時代になってきたのではないか」(「現代ビジネス」2022年9月26日)

片山さんは政治学、政治思想が専門であり、クラシック音楽にも詳しい。著書に『近代日本の右翼思想』(講談社)、『未完のファシズム――「持たざる国」日本の運命』『見果てぬ日本――司馬遼太郎・小津安二郎・小松左京の挑戦』(以上、新潮社)、『クラシックの核心』(河出書房新社)など。

国葬賛成の立場を取るのは、慶應義塾大の岸博幸《きしひろゆき》さん(大学院メディアデザイン研究科教授)だ。内閣府設置法という内閣府の所掌事務の範囲を定めた法律の第4条第3項第33号に、「国の儀式並びに内閣の行う儀式及び行事に関する事務に関すること(他省の所掌に属するものを除く)」との規定がある。国葬とは明記されていないが、国の儀式の一つとして拡大解釈できると、岸さんは考えており、こう記している。

「霞が関の各省庁の設置法では、将来どのような新しい行政課題が出てくるか分からないから、すべての所掌事務を個別列挙できるはずないので、このように拡大解釈して対応することが一般的であることを考えると、この条文が国葬の法的根拠になると考えられます。そうした事実を無視して、意図的かどうかはともかく一部の野党議員がネット上で不正確極まりない書き込みをして世間に広めようとするのも、森友・加計問題の時と同じです」（「探偵ファイル」2022年8月6日）

3　学術賞や文化賞受賞、ベストセラー作家

「小説の魅力を知る機会を奪った国の施策は罪深い」

早慶MARCHの教員は出版物でも大きなインパクトを残している。

明治大の齋藤孝さん（文学部教授）は、01年に『声に出して読みたい日本語』を刊行し、250万部を超えた。同書は毎日出版文化賞特別賞を受賞している。その後、年間10冊以

上のハイペースで著書・共著を出してきた。『身体感覚を取り戻す　腰・ハラ文化の再生』では新潮学芸賞を取っている。テレビ出演も多い。これまで「情報7daysニュースキャスター」(TBS)「Live News イット!」(フジテレビ)などでコメンテーターを担当し、「所さんのニッポンの出番」「ぜひモノ」(以上、TBS)、「変ラボ」(日本テレビ)、「健康の秘訣とは!」(テレビ東京)にはほぼレギュラーとして登場してきた。多くの本を著したこともあって、読書、とくに文学に親しむことをすすめている。

22年に入学した高校生から、国語は、評論や実用文中心の「論理国語」と小説や詩が中心となる「文学国語」が分かれ、選択制となる。これに齋藤さんは批判的だ。

「問題は『選択制』にしたことです。理系の生徒が、文学国語を取らない可能性が高まりますよね。文学や詩の知識をほとんど身に付けずに卒業する生徒が、これから続出することになります」「別に小説好きの人には必要ない。むしろ、文学の魅力が分からず、その文化の価値が分からない人のためにあるんです。でも、選択制にすれば、文学に興味がない人は学ばなくなりますよね。小説の魅力を知る機会を奪った国の施策は、罪深いと言わざるを得ません」(「毎日新聞」22年5月20日)

青山学院大の福岡伸一さん(総合文化政策学部教授)はなぜ生物学者になったのだろうか。

幼いころ、生き物に魅了された。アゲハチョウを飼育するなかで、なぜ幼虫は種ごとに特定の葉っぱしか食べないのか、と思う。生命は美しいと感動し、やがて好奇心から次々と疑問が生まれる。それが専門的な学びにつながった。こうふり返る。

「アゲハチョウならミカンやサンショウ、キアゲハならパセリやニンジンの葉、ジャコウアゲハはウマノスズクサ……。ただエネルギーを得るためだけだったら、どんな植物でもいいはずなんですけれど、自分はこれしか食べませんというふうに、食草をすごく限定しているんですよね。それは、その食草に特別な栄養があるからではなく、むしろ食糧をめぐって、他の種と無益な争いが起きないように、有限の資源を棲み分けているわけです。そういうこともすべて虫の観察を通して学んで、それが〝生物学者になるための原点〟となりました」（講談社「FRaU×SDGs22」ウェブサイト22年8月2日）

福岡さんの『生物と無生物のあいだ』はサントリー学芸賞を受賞し、今日まで80万部を超えるベストセラーになった。

学術賞、文化賞の受賞者では、圧倒的な強さを誇るのが、慶應義塾大の小熊英二《おぐまえいじ》さん（総合政策学部教授）である。『〈民主〉と〈愛国〉』は大佛《おさらぎ》次郎論壇賞と毎日出版文化賞、『1968』は角川財団学芸賞、『単一民族神話の起源』はサントリー学芸賞、『生きて帰ってきた男――ある日本兵の戦争と戦後』は小林秀雄賞など、学者ならだれもがほしい賞を総なめにした。膨大な資料をもとにして歴史を描き、ていねいに考察する手法で現代を解き明かす。

小熊さんは社会運動の歴史そして現在をテーマにして執筆することがある。ときに小熊さん自身がデモに参加する。それは政治的なことを訴えるためなのか、研究におけるフィールドワークの一つなのかと、問われることがあるという。しかし、その両者を区別する意味はないと考えている。太鼓をたたいたりラッパを吹いたりするデモ参加者は、ミュージシャンなのか、政治活動家なのか、区別するのはナンセンスという理由からだ。小熊さんはこう話す。

「スローガンを連呼したりするのは、自分の性に合いませんから、抗議に参加していてもやったことがありません。それでも、参加しているつもりです。そして同時に、色々なものを見て、その運動がどういった方向に進んでいるのかを普段から考えている。そして場合によっては意見を求められたり、メディアの取材に答えたり、人を紹介したり、運動と政治家をつないだり、本を作ったり映画を作ったりする。ではそれは何なのかといえば、自分は研究者であるとか、映画監督であるとか、一市民であるとか、そういうこと以前に、

一人の人間として参加しているわけですよ」(「東大新聞オンライン」2015年9月1日)

「子ども達が私を教師にしてくれた」

青山学院大は「英語の青山」という自負がある。1970年代前半まで、入試難易度では早慶上智とほぼ互角だった。OBには杉田敏《さとし》さん、松本茂さんなどNHKラジオ講座で英会話、ビジネス英語の講師だった英語教育専門家がいる。

青山学院大の教員が英語教育に関連して積極的に発言している。

3人紹介しよう。

同大学で教える米山明日香《よねやまあすか》さん(社会情報学部准教授)は青山学院大OGで22年から「ニュースで学ぶ「現代英語」」を担当する。専門は音声学、英語教育、英語プレゼンテーションだ。

エリザベス女王死去の際にスピーチした新国王チャールズ3世の英語に注目した。標準イギリス英語が変化していることである。

「変化は「社会階級の縮小」といった点では喜ばしいことかもしれませんが、同時に、「文化の消滅」という点を考慮しなくてはなりません。なぜなら、アクセント(方言)は「文化」を如実に表すからです。つまり、アクセント（方言）は、一朝一夕でできるものではなく、文化という層の蓄積としてアクセントが生まれるのです。これは「イギリス英語の魅力」と好意的にとらえたいところです。そのイギリス英語の特徴が消えゆくことを、音声学者としては憂慮しています」（米山さんのブログ22年9月10日）

アレン玉井《たまい》光江《みつえ》さん（文学部教授）は小学校英語教育、第二言語教育、読み書き教育を専門とする。『小学校英語の文字指導――リタラシー指導の理論と実践』などの専門書を多く出している。青山学院大出身で、アメリカ、テンプル大でEd.D.（教育学博士）を取得した。アレンさんは毎年夏休み、教育実習としてSEP（Summer English Program）を行っており、ゼミ生が公立小学校で1～6年生の各学年1クラスを教える。授業は全て英語で教材は手作りである。その様子をこう話す。

「いざ授業を始めると、子ども達がついてこない！ なんて展開は珍しくありません。理想と現実の差に1日目の授業が終わると、ゼミ生達はどっと落ち込んで。そこが私としては、いいぞ！ という感じなんです（笑）。思い通りにならない経験こそSEPの醍醐《だいご》味《み》。私の口うるさい事前指導よりも、子ども達の反応や担任の先生の助言のほうが、よっぽど心に響きます。私も30年以上の現場経験から「子ども達が私を教師にしてくれた」実感が

あり、実習の場を作りました」（「アオガクプラス」19年4月18日）

永井《ながい》忠孝《ただたか》さん（経営学部教授）は『英語の害毒』（新潮新書）で、英語教育が会話中心になったこと、小学校への英語の導入、大学の授業を英語で実施することなどはバイリンガルを究極の目標とする方針と捉えて批判的にみている。英会話重視、早期教育、公用語化、バイリンガル化は大国の奴隷への道につながると手厳しい。

「この程度で完璧なバイリンガルが育つわけがない。うまく行けば、日本人の多くが日常会話程度の英語力をもつようになるかもしれないが、それはエスキモーと同じように、日本人もことばの障壁を失うということだ。一方で、社外取締役制度が導入・強化されてきた。英語を社内公用語とする企業も出てきた。こうした中で日本人が中途半端な英語力を持てば、外国人経営者が日本人社員を支配することになるだろう。日本の植民地化が進むということだ」（「波」2015年7月号）

「炎上を恐れていては物書きは務まらない」

法政大教授はよく発言している。

小説家で芥川賞の選考委員である島田雅彦さん（国際文化学部教授）は現政権と旧統一教

会の関係についてこう指弾する。

「カルト集団のお陰で、当落線上の自民党議員たちは延命してきたわけです。本来、警察の捜査が入るべき教団が、政治的な力で守られたとも指摘されています。銃撃事件の後、自民党から『民主主義の危機』という声が聞こえてきましたが、民主主義をゆがめた当事者がそれを言うなと思いました」（「毎日新聞」22年8月18日）

島田さんは22年に長編小説『パンとサーカス』を刊行した。同書は世直しがテーマとなっている。ある勢力が現政権の不正の横行、アメリカ追従に腹を立て、政府をひっくり返そうとし政権中枢の要人を暗殺するシーンが描かれている。小説で出てくる「与党」は「半分が世襲議員で、極右系の宗教団体の全面的支援を受けている」。安倍・元首相が襲撃される前に発表した作品であり、予見するような設定に読者は驚かされた。

島田さんはこれまで次のようなツイッターの発言で物議を醸したことが何度かある。

「PAC3に116億、Jアラートに92億を払うより、金正恩に小遣いやって懐柔し、日本を射程から外してもらう方が安上がりで確実なミサイル防衛になったりして。ロシアや中国はそれくらいの裏技を使っているだろう」（17年8月30日）

さすがに大炎上した。これについて島田さんはツイッターで強気の姿勢を示している。

「炎上を恐れていては物書きは務まらない」(17年9月23日)

旧統一教会をめぐる政府、メディアの対応について、河野有理《こうのゆうり》さん(法学部教授)はつぎのような苦言を呈している。旧統一教会への解散請求に向けた動きは過剰反応に見えるという。宗教2世問題を含めて被害者の救済が必要とし、加害者や法律に違反した者へは法の裁きが下されるべきだとした上で、こう話す。

「『反社会的集団だから潰してしまえ』という世論に流され、宗教団体解散のハードルが著しく低くなってしまうのは危険です。冷静に歴史的な先例と比べて判断することが必要です。基準を急激に変えてしまうことは将来に禍根を残す可能性もある」(「朝日新聞」22年12月1日)

人権や信教の自由などを守る最後のとりでが、憲法であり裁判所であり、好ましくない事態があれば、そこに行き着くまでに選挙や民主主義のプロセスの中で是正していくのが本来の姿だと訴える。河野さんは政治思想史の専門家だ。

杉本龍勇《たつお》さん(経済学部教授)は法政大出身で、92年バルセロナ五輪陸上短距離代表の元アスリートであり、現在はスポーツ経済学を研究している。2021年のオリンピック東京大会は、「このまま開催すれば、五輪の価値を下げることになる」と警鐘を鳴らしていた。こう綴っている。

「ＩＯＣが巨額のテレビ放映権料を目当てに開催に固執しているように映る。政府の「コロナに打ち勝った証し」という表現も、普通の人々の生活と懸け離れている。新型コロナに感染して苦しんでいる人、経済的に困窮している人も多い。五輪が希望の光になるとは思えないし、共感もできない。五輪を歓迎する雰囲気になれるかと言われたら、とてもなれない」（「毎日新聞」21年2月8日）

4　日本学術会議問題——早慶ＭＡＲＣＨ教員の訴え

日本の頭脳を代表する集団に早慶明治中央の教員がメンバー

20年9月、菅義偉首相（当時）は、日本学術会議（以下、学術会議）の新しい会員について、学術会議が推薦した候補者（おもに大学教員）１０５人のうち、６人を除外して任命した。宇野《うの》重規《しげき》（東京大・政治思想史）、岡田正則《まさのり》（早稲田大・行政法学）、小沢隆一（東京慈恵会医科大・憲法学）、加藤陽子（東京大・日本近代史）、松宮孝明《まつみやたかあき》（立命館大・刑法学）、芦名《あしな》定《さだ》道《みち》（京都大・宗教学）である。

学術会議は１９４９年「科学が文化国家の基礎であるという確信の下、行政、産業及び国民生活に科学を反映、浸透させることを目的」として設立された内閣府の特別機関だ。その役割は、①政府に対する政策提言、②国際的な活動、③科学者間ネットワークの構築、④科学の役割についての世論啓発となっている、

同会議の構成は「我が国の人文・社会科学、生命科学、理学・工学の全分野の約87万人の科学者を内外に代表する機関であり、２１０人の会員と約２０００人の連携会員によって職務が担われています」（同会議のウェブサイトから）とある。簡単に言えば、最先端研究に取り組む学者の集団である。首相のもと、政府から独立して政策の提言などを行う学者の機関であり、「学者の国会」とも呼ばれている。会員の任期は6年で3年ごとに半数が新たに任命される。選考は学術会議が推薦し、首相が任命する方式をとっている。ところが今回、推薦した候補者が任命されなかった。

21年10月１日現在の会員は２０４人で、うち女性は77人（37・7％）となっている。平均年齢は60・06歳。最年少が45歳で、最高齢は69歳だ。なるほど、「若手」は少ない。所属大学は東京大がもっとも多く34人。２位の京都大をダブルスコアでおさえている。

学術会議会員での早慶MARCHの教員は次のとおり。

●早稲田大

小澤徹《おざわとおる》（数理科学）、大塚直《おおつかただし》（法学）、佐々木葉《よう》、田辺新一（土木工学・建築学）、所千晴（総合工学）、野口晴子《はるこ》（経済学）、眞柄秀子《まがらひでこ》（政治学）、吉田文《あや》（心理学・教育学）

●慶應義塾大

大山耕輔《おおやまこうすけ》（政治学）、天谷雅行《あまがいまさゆき》（臨床医学）、望月眞弓《もちづきまゆみ》（薬学）、伊藤公平（総合工学）、大《おお》垣昌夫《がきまさお》（経済学）、北川雄光《ゆうこう》（臨床医学）、谷口尚子《なおこ》（政治学）、原田範行《のりゆき》（言語・文学）、三《み》尾裕子《おゆうこ》（地域研究）、米田雅子（土木工学・建築学）

●明治大

亀本洋《かめもとひろし》（法学）、佐野正博《さのまさひろ》（史学）、菱田公一《ひしだこういち》（機械工学）

●中央大

山田八千子《やちこ》（法学）、大倉典子《おおくらみちこ》（総合工学）

任命拒否問題は大学教員にとって学問の自由を侵されかねない、と危惧する者が多かった。早稲田大の長谷部恭男《はせべやすお》さん（法学部教授）は、政府が示す任命拒否理由について、厳しく批判する。

「いろいろ言い訳はするが、全く説明になっていない。要するに「私たちの気にくわない人を任命しなかった」と言っているだけではないでしょうか。これでは、学問に基づいていろいろと意見を言うのはやめてくれ、政府の気持ちをそんたくして意見を言ってくれということになる。今回のことがあった上で、政府にきちんとものを言わない学者は、世間からは「政府のイヌ」と見なされかねません」（「毎日新聞」20年10月14日）

長谷部さんは15年6月の国会の公聴会で、自民党推薦ながら集団的自衛権の行使は違憲と述べて、安保関連法案の議論に大きな影響を与えた。編著書に『憲法とは何か』（岩波新書）、『安保法制から考える憲法と立憲主義・民主主義』（有斐閣）などがある。

学術会議のあり方をめぐって多くの大学教員が発言した。自分たちのアイデンティティに関わる問題、と受け止めたからだろう。長谷部さんは大学教員のあり方として「きちんとものを言わない学者」ではダメであることを訴えた。長谷部さん自身、メディアで盛んに発言している。それが政治の暴走を防ぐためと言わんばかりである。

大学教員という専門家からの発言は、わたしたちに知らないことをたくさん伝えてくれる。ものの考え方を示してくれる。たとえばウクライナ戦争の行く末、それに伴って世界経済、日本の景気はどうなるかを教えてくれる。そして、災害時の避難誘導、コロナ禍の予防対策など命を守り健康を維持するために、役に立つ多くのことを助言してくれる。知的好奇心、知的刺激を与えてくれる存在が大学教員である。

早慶MARCHにおける教員の発言をあらためてみてみよう。

学術会議会員の任命拒否における最高責任者は前首相、菅義偉さんだ。菅さんは法政大出身である。法政大の教員はこの問題をどのように受け止めただろうか。

杉田敦《あつし》さん（法学部教授）。

学術会議の「声明」は軍事研究について警鐘を鳴らしているが、このこと自体が軍事を研究するという学問の自由を否定している――という批判が出ていた。このことについて杉田さんは「誤解だ」と反論する。学術会議が主張しているのは、軍事研究が学術の健全な発展を阻害しかねないという意見、と訴える。

「軍事研究というのは究極の「国策」研究であり、研究をこれに紐付けるということは、学者がそれぞれ自律的に研究テーマを決め、その成果を公表して、学者共同体の中で共有して研究を発展させるという回路を壊すおそれがある、ということです。（略）軍事研究でも何でも研究費さえ獲得できれば自分の研究ができるかもしれません。それを「自由」と思うかもしれません。しかし、研究の国家統制が進んで行けば、ミクロな「自由」と引き換えに、マクロなレベルで「自由」を失って行くことになる。ここのところを、ぜひ理解すべきです」（集英社新書プラス２０２１年３月12日）

5　政府審議会、委員会の教員たち

審議員をつとめるおもな教員

文部科学省、中央教育審議会
財務省、財政制度等審議会
厚生労働省、薬事・食品衛生審議会

これら政府審議会、委員会とは、国家行政組織法で規定された機関である。政府が政策を実施する際に、利害関係者と中立的な専門家を集めて、省庁などに進言し、承認を与える会議のことだ。委員の人選は政府と各省庁の担当者が行う。政府と省庁にすれば、自分たちの政策に反対する人は都合が悪い。したがってできるだけ政府・省庁の意向を代弁しそうな中立委員を選考することもある。かといって、全員が賛同するようなシャンシャン大会にしたくない。政策に反対しないが、ひとこと釘を刺せるような委員を選ぶことがある。

審議会委員の多くは大学教員が就任する。専門家として知見をしめしてほしいからだ。しかし、政府と省庁に頷くだけの大学教員は「御用学者」と呼ばれてしまう。ネガティブな響きに聞こえざるを得ない。

それでも審議会委員をつとめたい大学教員は少なくない。オファーがあれば引き受けてしまうのは、自分の知見が国のために役立つという思いがあるからだろう。政府でなければ調べられないような貴重な資料を入手できるのも大きい。

図表8－2
審議会委員の大学教員(2021年)

大学	(人)
慶應義塾大	44
早稲田大	35
中央大	17
法政大	12
明治大	12
青山学院大	8
立教大	6

所管省庁ウェブサイトから作成

審議会委員をつとめる早慶MARCHの教員数を調べた(図表8－2)。早慶MARCHのおもな委員は次のとおり。

●早稲田大

一村信吾《いちむらしんご》、河野《かわの》真理子《まりこ》、岩原紳作《しんさく》、岩崎尚子《いわさきなおこ》、吉田文、根本直子、佐々木葉、山野《やまの》目《め》章《あき》夫《お》、所千晴、西郷浩《さいごうひろし》、大塚直、中田裕康《ひろやす》、田口尚志《なおし》、嶋崎尚子《しまざきなおこ》、道垣《どうが》内正人《うちまさと》、武井寿《ひさし》、北

川佳世子《かよこ》、野口晴子、林《はやし》 泰弘《やすひろ》

●慶應義塾大

伊香賀《いかが》俊治《としはる》、加藤一誠《かずせい》、谷口尚子、丸山絵美子《えみこ》、吉川《きっかわ》肇子《としこ》、吉村典久《のりひさ》、橋本博之《ひろゆき》、松尾《まつお》亜紀子《あきこ》、青木節子《せつこ》、石戸《いしど》奈々子《ななこ》、河端《かわばた》瑞貴《みずき》、太田達也、大屋《おおや》雄裕《たけひろ》、中室牧子、中村洋《ひろし》、長谷山《はせやま》彰《あきら》、津谷《つや》典子《のりこ》、渡井《わたい》理佳子《りかこ》、土居《どい》丈朗《たけろう》、内藤恵《めぐみ》、白塚《しらつか》重典《しげのり》、飯盛《いさがい》義徳《よしのり》、望月眞弓、北澤安紀《あき》、茂松《しげまつ》直之《なおゆき》、國領《こくりょう》 二郎《じろう》

●明治大

牛尾《うしお》奈緒美《なおみ》、荒川《あらかわ》薫《かおる》、高倉《たかくら》成男《しげお》、勝《かつ》悦子《えつこ》、勝田《かつた》忠広《ただひろ》、小田切《おだぎり》徳美《とくみ》、上原敏夫、清野《せいの》幾久子《きくこ》、中林《なかばやし》 真理子《まりこ》、野川《のかわ》忍《しのぶ》

●青山学院大

阿部《あべ》達也《たつや》、亀坂《かめさか》安紀子《あきこ》、橋本尚《たかし》、古城《こじょう》 佳子《よしこ》、山口直也、福島《ふくしま》安紀子《あきこ》

●立教大

原田一明《かずあき》、原田久《ひさし》、東條《とうじょう》 吉純《よしずみ》、藤澤《ふじさわ》治奈《はるな》、萩原《はぎわら》なつ子

●中央大

阿部《あべ》正浩《まさひろ》、安念《あんねん》潤 司《じゅんじ》、伊藤恵子、井田《いだ》良《まこと》、宮本太郎、牛嶋《うしじま》仁《ひとし》、原田喜美枝《きみえ》、佐伯《さえき》仁志《ひとし》、

山田正《ただし》、澁谷《しぶや》雅弘《まさひろ》、升田《ますだ》純《じゅん》、新井誠、福原《ふくはら》紀彦《ただひこ》、野村修也《しゅうや》

●法政大

交告尚史《こうけつひさし》、荒川裕子、小黒《おぐろ》一正《かずまさ》、松浦《まつうら》民恵《たみえ》、上林《かみばやし》千恵子《ちえこ》、中村洋一、藤村博之《ひろゆき》、武藤《むとう》博己《ひろみ》、網野《あみの》禎昭《よしあき》、木村純子、髙橋《たかはし》滋《しげる》

第9章　進路（企業編）

――早慶MARCHの学生はいかにして内定をとったか

早慶ＭＡＲＣＨ卒業生の進路は多彩だ。時代の最先端をいく外資系、大昔からの財閥系、ベンチャー企業、老舗《しにせ》の中小企業、キャリア官僚になるべき中央官庁。地域に根を張る都道府県庁や市役所、法曹、警察、自衛官、消防官、医療福祉の専門職、教員などだ。こういう分野にも早慶ＭＡＲＣＨ出身者がいるのか、と感動を覚えることもある。

本章では早慶ＭＡＲＣＨ出身者が在学中、将来についてどのように考え、どんなことに取り組んだか、就職活動をどのように行ったか、早慶ＭＡＲＣＨの教育と校風がいまの仕事にどう活《い》かされているかをまとめてみた。大学案内、大学ウェブサイトの就職活動記、卒業生の活躍を中心に、早慶ＭＡＲＣＨが社会の入口をどう叩いたかをみてみよう。

1　早慶ＭＡＲＣＨ、就職先上位ランキング

（1）各大学の就職率、就職先

就職希望者による就職率は早稲田大93・7%、法政大95・7%

大学の就職実績を就職率である程度、知ることはできる。「ある程度」というのは、就職者に対する分母の定義がどうしても曖昧になってしまうからだ。多くは就職希望者においているが、この「希望」は1人ひとりさまざまな事情を抱えているので、一律で測るのはむずかしい。だが、多くの大学は就職希望者をもとにして就職率を出している。

早慶MARCHについて見ていこう。

早稲田大キャリアセンターは21年9月、22年3月の学部卒業者、修士修了者の進路状況について、こう記している。

「卒業・修了者1万1897人、進路報告者1万1580人、就職8078人、進学2111人、資格試験等準備410人、その他981人であり、就職希望者に占める就職者の割合（就職率）は93・7%（前年度93・0%）となりました」（同センターウェブサイト）

慶應義塾大は日本私立学校振興・共済事業団による定義に基づく算出方法で2020年度の就職率を公表した。数式は分子＝就職者、分母＝卒業者－大学院研究科等進学者－外国の学校等入学者。就職者の定義は「進学者のうち就職している者」（進学就職者）を含む。

【明治大(学部 大学院)就職先】

	進路	(人)
1	国家公務員(一般職)	68
2	東京特別区	66
3	楽天グループ	35
4	NECソリューションイノベータ	30
	TIS	30
6	富士通	27
7	日本電気	26
8	三井住友信託銀行	25
9	有限責任(監法)トーマツ	23
10	SCSK	21
	キーエンス	21
	キヤノンITソリューションズ	21
	埼玉県庁	21
14	みずほフィナンシャルグループ	20
15	ソフトバンク	19
	富士ソフト	19
	三井住友銀行	19
	りそなグループ	19
19	日立システムズ	18
	日立製作所	18
21	エヌ・ティ・ティ・コミュニケーションズ	17
	国税専門官	17
	積水ハウス	17
	凸版印刷	17
	日本生命保険(相)	17
26	アクセンチュア	16
	エヌ・ティ・ティ・データ	16
	野村證券	16
	三菱電機	16
30	エヌ・ティ・ティ・コムウェア	15
	ニトリ	15
	東日本電信電話	15
	富士通Japan	15
	三菱UFJ銀行	15
	明治安田生命保険(相)	15
36	SMBC日興証券	14
	大日本印刷	14
	パーソルキャリア	14

【青山学院大(学部)就職先】

	進路	(人)
1	楽天グループ	27
2	日本生命保険相互会社	21
3	日本電気	18
	三井住友信託銀行	18
5	ベネッセスタイルケア	15
	三井住友銀行	15
7	明治安田生命保険相互会社	14
8	SCSK	13
	エヌ・ティ・ティ・データ	13
	パーソルキャリア	13
	富士通	13
12	電通デジタル	12
	みずほフィナンシャルグループ	12
	三菱電機	12
15	東京海上日動火災保険	11
	日本アイ・ビー・エムデジタルサービス	11
	日本総合研究所	11
18	パーソルプロセス&テクノロジー	10
	ソフトバンク	9
	東急リバブル	9
	トランス・コスモス	9
	メンバーズ	9
	USEN−NEXT HOLDINGS	9
24	あいおいニッセイ同和損害保険	8
	NECソリューションイノベータ	8
	クイック	8
	コムチュア	8
	大和証券	8
	TIS	8
	西村あさひ法律事務所	8
	日立システムズ	8
	富士フイルムビジネスイノベーションジャパン	8
	星野リゾート	8
	三菱UFJ銀行	8

図表9-1 早慶MARCH就職先（2022年）

【早稲田大（学部）就職先】

	進路	（人）
1	エヌ・ティ・ティ・データ	71
2	国家公務員一般職	62
3	東京海上日動火災保険	61
	楽天グループ	61
5	アクセンチュア	57
6	PwCコンサルティング	50
7	日本電気（NEC）	46
8	三井住友銀行	45
9	ベイカレント・コンサルティング	44
10	富士通	42
11	三菱UFJ銀行	37
12	りそなグループ	36
13	SMBC日興証券	34
	みずほフィナンシャルグループ	34
	特別区（東京23区）職員	34
16	国家公務員総合職	33
17	野村総合研究所	29
	NTTドコモ	29
	大和証券	29
	キーエンス	29
21	日立製作所	28
22	三井住友信託銀行	27
23	ソフトバンク	26
	日本生命保険	26
	凸版印刷	26
26	明治安田生命保険	25
	アビームコンサルティング	25
28	日本放送協会（NHK）	24
29	三菱電機	23
30	アマゾンジャパン	22
	損害保険ジャパン	22
32	有限責任監査法人トーマツ	21
	EYストラテジー・アンド・コンサルティング	21
	東日本電信電話（NTT東日本）	21
	野村證券	21
36	パーソルキャリア	20
	サイバーエージェント	20

【慶應義塾大（学部 大学院）就職先】

	進路	（人）
1	慶應義塾	97
2	アクセンチュア	88
3	PwCコンサルティング合同会社	83
4	楽天グループ	76
5	三菱UFJ銀行	69
6	エヌ・ティ・ティ・データ	58
7	野村総合研究所	49
8	ソフトバンク	48
9	東京海上日動火災保険	47
	ベイカレント・コンサルティング	47
	みずほ銀行	47
	三井住友信託銀行	47
13	大和証券	45
14	三井住友銀行	43
15	野村證券	42
16	ソニーグループ	41
	有限責任監査法人トーマツ	41
18	アビームコンサルティング	37
	博報堂	37
20	EYストラテジー・アンド・コンサルティング	35
	NTTドコモ	35
	有限責任あずさ監査法人	35
	富士通	35
24	日本アイ・ビー・エム	34
25	リクルート	32
26	キーエンス	31
	日本電気	31
	日立製作所	31
29	三井住友海上火災保険	29
30	損害保険ジャパン	28
	三井物産	28
	三菱UFJ信託銀行	28
33	SMBC日興証券	27
	デロイトトーマツファイナンシャルアドバイザリー合同会社	27
35	電通	26
36	デロイトトーマツコンサルティング合同会社	25
	日本生命保険相互会社	25
	三菱商事	25

【中央大(学部)就職先】

	進路	(人)
1	国税庁	38
2	日本電気	29
3	りそなホールディングス	23
4	神奈川県横浜市役所	22
5	富士通	20
	明治安田生命保険	20
7	NECソリューションイノベータ	19
8	国土交通省	18
	三井不動産リアルティ	18
	TIS	18
11	神奈川県庁	16
	日本生命保険	16
	パナソニック	16
14	楽天グループ	15
	大和証券グループ本社	15
	有限責任あずさ	15
	ニトリ	15
18	総務省	14
	東京海上日動火災保険	14
	日立ソリューションズ	14
21	法務省	13
	横浜銀行	13
	みずほフィナンシャルグループ	13
	日立製作所	13
25	かんぽ生命保険	12
	SCSK	12
	東京都教育委員会	12
28	アクセンチュア	11
	経済産業省	11
	東京都庁	11
	埼玉県庁	11
	ソフトバンク	11
	三菱UFJ銀行	11
	自衛隊	11
	大塚商会	11
	東海旅客鉄道	11
	本田技研工業	11

【法政大(学部)就職先】

	進路	(人)
1	ドコモグループ	34
2	楽天グループ	24
	日本電気(NEC)	24
4	NECソリューションイノベータ	22
5	大和ハウス工業	21
	りそなグループ	21
7	警視庁	20
	山崎製パン	20
	横浜市役所	20
10	ソフトバンク	18
11	日本年金機構	17
12	大塚商会	16
	ニトリ	16
14	東京国税局	15
	富士通	15
	三井不動産リアルティ	15
	TIS	15
18	パーソルプロセス&テクノロジー	14
	富士ソフト	14
	横浜銀行	14
21	日立ソリューションズ	13
	日本生命保険	13
	静岡銀行	13
	スズキ	13

進学者の定義は「進学者のうち就職している者」（進学就職者）を除く。これによると、おもな学部の就職率は文学部87・０％、経済学部89・５％、法学部法律学科86・４％、法学部政治学科88・９％、商学部88・７％、総合政策学部86・９％、環境情報学部84・９％となっている。

明治大は就職者５５３０人、卒業生７０２８人と発表している。就職率は78・68％となる。業種別内訳は情報通信業１３９２人、製造業７８０人、卸売・小売業５８９人、金融・保険業５６２人となっている。

【立教大（学部）就職先】

	進路	（人）
1	東京都特別区	38
2	国家公務員一般職	35
3	アクセンチュア	22
4	みずほフィナンシャルグループ	21
	楽天グループ	21
6	三井住友銀行	19
	日本電気	19
8	埼玉県庁	17
9	日本生命保険	16
	エヌ・ティ・ティ・データ	16
11	ベネッセスタイルケア	15
	りそなグループ	15
	デジタル・アドバタイジング・コンソーシアム	15
14	ソフトバンク	14
	ニトリ	14
	東京海上自動火災保険	14
17	パーソルキャリア	13
	三井住友信託銀行	13
19	ジェーシービー	12
	横浜市役所	12
	パーソルプロセス&テクノロジー	12
	キーエンス	12
	三井不動産リアルティ	12
24	有限責任監査法人トーマツ	11
	電通デジタル	11
	NTTドコモ	11
	明治安田生命保険	11
	あいおいニッセイ同和損害保険	11
29	日本通運	10
	東京都教員	10
	三菱UFJ銀行	10
	三井住友海上火災保険	10
	TIS	10
34	レイスグループ	9
	住友生命保険	9
	NECソリューションイノベータ	9
	富士通	9
	メンバーズ	9
	野村不動産ソリューションズ	9
	オープンハウス	9

青山学院大の就職率は学校基本調査に基づくもので79・8％だった。早慶MARCHのなかで唯一男女別が出ており、男子73・8％、女子85・1％となっている。

立教大は進学者と合わせて83・1％で男子79・1％、女子86・8％だった。もっとも高いのは理学部88・6％、観光学部86・6％である。

中央大は学部別に出ており、法学部の就職者73・4％、進学者16・7％、経済学部は84・6％と2・8％、商学部は86・3％と2・1％だった。

法政大は「就職希望者決定率」を出している。その数字は95・7％となっている。「就職希望者決定率は、就職希望者から「一時的な仕事に就いた者」と「進路未定者」を除いて算出しております」とのこと。

早慶MARCH7校それぞれの思惑を感じ取ることができ、興味深い。大学が公表している就職先を掲載した（図表9－1）。

（2）「外資系コンサル」――この魅力的なひびき

「会社に一生をささげる必要は全くない」

「外資系コンサルタント」という響きはどこか魅力的で、最近では「エリート」として受け止められる。大学の就職先として、あこがれに近い思いで語られることがあるようだ。外国資本の会社ならばたいていの業界に存在する。コンサルタント会社は日本でもさまざまな分野で展開している。

近年、入試難関校いわゆるエリート校からの外資系コンサルタント会社への就職者が増えている。

22年、慶應義塾大の就職先ランキング上位20に5社が並んだ。

2位アクセンチュア88人
3位ＰｗＣコンサルティング83人
9位ベイカレント・コンサルティング47人
18位アビームコンサルティング37人
20位ＥＹストラテジー・アンド・コンサルティング35人

18年、同大学からの就職者は、6位アクセンチュア53人、14位デロイトトーマツコンサルティング34人、15位アビームコンサルティング33人だった。

早稲田大では3社顔を出している。

5位アクセンチュア57人
6位ＰｗＣコンサルティング50人
9位ベイカレント・コンサルティング44人
同大学の上位30を数年前までさかのぼると、14年には1つも入っていない。18年になると7位アクセンチュア55人のみだ。
東京大も外資系コンサルタントは人気が高い。前年比で増加傾向にある。
2位マッキンゼー・アンド・カンパニー23人
4位ＰｗＣコンサルティング16人
14位アクセンチュア9人
（慶應義塾大、早稲田大は大学ウェブサイト、東京大は「東大新聞オンライン」22年8月29日から作成）。
大学入学してすぐに将来のことを考える学生のなかには、外資系コンサルタント会社に対する神話めいた話が伝わることがある。入社後、数年で責任ある大きな案件を任せられる。年功序列は無縁で成果主義で評価される。能力に応じ日本企業の同年代よりもはるかに高い給料が保証される——そんな話が学生のあいだに浸透している。20代で「１０００

万円プレーヤー」という言い方が、「外資系コンサル」を語る際、つきまとってしまう。これらの話は間違ってはいない。しかし、かなり厳しい競争社会である。成果が出せなければ、日本的終身雇用は通用せず、追い出されてしまう。よほど優秀でなければ、「1000万円プレーヤー」にはなれない。

早稲田大政治経済学部教授の教え子で、東大文一に合格できなかった男子学生がいる。数学が抜群にでき、将来、理論経済学の学者にさせたかった。しかし、彼は第1志望がマッキンゼー、第2志望は外資系銀行、第3志望が国家公務員で就職活動を進めていた。

「以前ならば考えられなかった。いま、官僚の人気がなくなったのはわかる。これまでなら銀行や商社を選んでいた。でも、自分の力を試してみたいと言い出したのです。将来はハーバードかスタンフォードでMBAを取って独立するようなことも考えているようです。海外に頭脳流出している感じです」

アクセンチュアは職種別採用を行っており、「ビジネスコンサルタント」「デジタルコンサルタント」「ソリューション・エンジニア」「クリエイティブ」「AIアーキテクト」「デザイン」などに分かれている。

どのような人材を求めているのか。

早稲田大出身で12年に同社に入社、現在、人事採用担当を行っているFさんによれば、学生には2パターンがあるという。1つは学生時代に培ってきた専門分野を生かせる人で「データサイエンティスト」「AIアーキテクト」などの職種に多く見られる。もう1つは専門性を持たず、率直にご自身の興味、または今後の可能性を考えて職種を選ぶ人だ。将来、起業したいから入社する人も少なくないようだ。アクセンチュアを自分がやりたいことをかなえるためのプラットホームだと思って活用してくださいと、会社は伝えているという。Fさんはこう話す。

「アクセンチュアに合う方には長く働いてほしいとは思いますが、何か成し遂げたいことがあったり、こういう自分になりたい、こういう仕事をしたい、という思いを尊重する文化が根底にあります。ですので、一生を会社にささげる必要は全くなく、「ポジティブな卒業」という選択も受け入れられているイメージですね」(「早稲田ウィークリー」22年12月5日)

「立教大から英語でインプット、アウトプットする力は学んだ」

早慶MARCHからのアクセンチュアへの22年の就職者は194人いる。2010年代半ばまでふり返ると、16年92人、20年162人、21年173人となっており、増加傾向にある。

早稲田大、法政大、立教大出身の学生の話を紹介しよう。

早稲田大国際教養学部（2019年卒）のYさんはこう話す。

「SILSにはグループで議論や発表をするインタラクティブな講義が多くありますが、様々な背景を持つ学生が互いに協力しアウトプットする過程で、コンサルティングに必要な適応力が養われていると感じました」（「早稲田大国際教養学部案内2023」SILSは国際教養学部の英語略称）

法政大社会学部出身（13年卒）の男性・Hさんはゼミでは国によって異なる国家形成の成り立ちや変遷を学び、現代にまでつながるさまざまな国際社会の問題を理解した。生まれた国や環境によって生じてしまう安全や教育、そして健康などの格差などの社会的な課題を知ることになる。これらを解決するためには表面上の事象だけでなく、複雑な社会背景を正しく理解する必要性を感じた。こうした学びは仕事にもつながったという。

社会学部は多摩キャンパスにある。市ケ谷キャンパスと比べて講義終了後に残っている学生が少なく、その理由を調べてみるとサークル参加率が低いことがわかった。

「これは情報不足が原因ではないかと仮説を立て、サークル情報を一覧化したフリーペーパー「エッグマガジン」を発行したところ、参加率の向上や学内イベントの増加といった成果をあげました。問題を発見し解決する楽しさを学んだと同時に、エンジニアとしてIT・コンサルティング業界を目指す原点となった経験です」(「法政大社会学部案内2023」)

立教大経営学部出身(17年卒)の女性・Kさんは、現在、コンサルタントとして基幹システム導入支援などを担当している。クライアントが抱える経営課題は、国内だけで解決するとは限らない。そこでアクセンチュアにおいて先進技術を持っているインド法人など、海外の事例から学ぶことも少なくない。そのとき必要となる力、すなわち英語でインプットして、それを自分の形にしてアウトプットしていく力は、経営学部の授業で培われたと、振りかえる。

「この仕事はプロジェクト型の働き方がほとんどで、まさに立教経営でのグループワークそのもの。入学時から数多くのグループワークを経験してきたこともあり、自然とバックグラウンドの違う人とコラボレートする姿勢やスキルが身についていました。立教経営の学びは、日々の課題や授業をしっかりこなしているだけで、きちんと自分の力になっていくことを実感しています」(「立教大経営学部案内2023」)

マッキンゼーのパートナーが慶應の附属中学で講演

ほかの外資系コンサルタント会社への就職者を見てみよう。

マッキンゼー・アンド・カンパニーは、前述のように東京大生の間で絶大なる人気がある。年々、ブランド力をつけている。同社には慶應義塾大から5人就職している。マッキンゼーを有名にしたのは経営コンサルタントの大前研一《おおまえけんいち》氏、経済評論家の勝間和代《かつまかずよ》氏であろう。彼らがテレビや新聞、雑誌においてさまざまな発言をすると、経歴にマッキンゼーという聞き慣れない社名が登場し、情報に敏感な若い世代に社名が浸透していく。バブル崩壊後の1990年代以降だろうか。

大前氏は早稲田大理工学部出身でマッキンゼー日本支社長を務めたことがありビジネス書を多く出している。勝間氏は慶應義塾大商学部出身でシングルマザーとして働く女性のあり方が注目され、著書はベストセラーになった。

マッキンゼーに勤務する女性・Oさんは、早稲田大政治経済学部出身で（20年卒）、いくつかの理由からコンサルティング業界を志望するようになった。

しかし、コンサルティング会社ならばどこでもよかった、というわけではなかった。マッキンゼー・アンド・カンパニーについては、大学3年の夏頃、就活サイトで初めて知ることになる。

「当時は「どこかで聞いたことがある会社だな」という認識でしたが、思い切ってエントリーしたところ、選考中に出会った方々が一様に個性的かつフレンドリーで、もっと話したい、一緒に働きたいと思えたのです。また、先輩方が語ってくれたマッキンゼー・アンド・カンパニーの魅力。たとえば「いわゆる外資系企業の一拠点ではなく、世界中の拠点がワンチームとなって仕事に取り組んでいる」「直属の上司や後輩が海外拠点に異動することも頻繁だし、日常的に海外のエキスパート（特定領域の専門家）と連携をとっている」といったグローバルカンパニーの特徴にも強く惹かれましたね」（早稲田大キャリアセンターウェブサイト）

21年、マッキンゼー・アンド・カンパニーのパートナーであるKさんが慶應義塾普通部で講演している（普通部は中学にあたる）。彼は同校ＯＢで慶應義塾大法学部の出身だ。後輩にこう語る。

「〝自分の人生はこんなもん〟って思った瞬間に問題を問題とも思わなくなり、挑戦する人生が終わってしまいます。そして、そんな人の人生はしょせん〝こんなもん〟程度になってしまいます。これほどもったいないことはありません。（略）みなさんが今日の授業を受けて、少しでも〝なにかに挑戦しよう。一生懸命ってかっこいいんだ、楽しいんだ〟って思ってもらえたらとても嬉しいです」（慶應義塾普通部ウェブサイト）

Kさんは大学卒業後、三井物産、ハーバード・ビジネススクールMBA取得を経て、マッキンゼーに入った。絵に描いたようなキラキラした経歴だ。こんな先輩から、マンガ「スラムダンク」の「あきらめたらそこで試合終了ですよ」に似たフレーズを聞かされる。マッキンゼーという社名が慶應義塾大の附属校の中学生に刷り込まれるのは大きい。まだ10代の少年が「マッキンゼーをめざす」と言い出す時代なのだろう。

（3）商社——世界中を飛びまわって役に立ちたい

明治大生、世界を舞台に新しい事業を創りたい

大学のグローバルが進むなか、学生もグローバル志向が高まっている。

早慶MARCHには世界中を飛びまわって仕事をしたい、世界各地で暮らす人たちの役に立ちたい、と夢と希望を募らせる学生がいる、そのために彼らが選んだのは商社だった。

早慶MARCH出身者を紹介しよう。

三井物産で働く明治大、中央大の出身者である。

明治大国際日本学部出身（21年卒）の男性・Tさんは、世界を舞台に新しい事業を創りたい、という思いを抱いて入社した。すぐにデジタル総合戦略部というDX（デジタルトランスフォーメーション）案件の推進を行う部署に配属になり、アフリカとインドネシアでの新規事業に携わっている。

「在学中は、物々交換を頼りにヨーロッパを旅する世界大会に参加したり、1年間休学してスタートアップで働いたり、自分で事業をしたりと、学部・学内にとどまらず過ごしていました。皆さんの意志を尊重し、全力で応援してくれる教員や職員、ともに切磋琢磨できる仲間が集う最高の環境で、comfort zoneを飛び出し、自分の道を切り拓いていってください」（「明治大国際日本学部2023」）

中央大文学部出身（21年卒）の男性・Nさんは、総合商社で働くからにはエネルギー事業など〝世界標準〟のビジネスに携わりたいと考えている。

「今は次世代づくりの基盤となる新卒採用の仕事にやりがいを見出しています。ここで培った知見や能力は、いずれ事業部門に行った時もきっと糧になるはずです。今いる場所で最善を尽くしながら、新たな可能性を追い求める――。そのことを私は中央大学で実践しました。4年間アイスホッケーに情熱を注ぎつつ、留学に教員免許の取得、検定の挑戦、そして納得のいく就職活動を成し遂げたことなどにより世界がさらに広がりました」(「中央大学案内2023」)(Connect Web)

「実践と知識の両輪を回し学びに没頭した日々が現在の基盤を作った」

住友商事に就職したのは、立教大経営学部出身（18年卒）の男性Sさんだ。入社後はオフィスビルの開発などを手掛け、土地の購入から開発、リーシング、売却まで、大手ディベロッパーの一連の仕事をひとつの部署で担う。

「求められるのは、多様な人々の間に入って、それぞれの利害を調整する能力。立教経営で培ったリーダーシップが、プレゼンスを発揮するうえでいきています。大学時代は組織行動論の石川ゼミに入り、さまざまなケーススタディを経験しました。実践と知識の両輪を回しながら学びに没頭したあの日々が、現在の基盤を成しています。立教経営の学生は、大学のリソースを活用して主体的かつ前向きに学ぼうとする人が多い印象ですね」(「立教大経営学部案内2023」)

伊藤忠商事で働く慶應義塾大学文学部出身の女性・Yさんは、主にアジアの国々を対象とした化学品の輸出入を担当する。出身高校のウェブサイトで活躍するOGとして近況を知らせている。後輩からすれば励みになり、商社に入るには慶應義塾大が近道なのかなと受け止めるとしたら、慶應にとってこれほどありがたい広報はない。

「私は輸出入の際の仲介役となって、日程調整や船の管理をしています。もちろん英語でのやりとりです。高校時代に毎日取り組んだ英語の音読や読解力を活かし、大学で実践的に英語を発信していったおかげでなんとか業務ができています。また、大学時代に多くの先輩や社会人の方と関わってきたことが、さまざまな場面で役立っています」（朋優学院高校ウェブサイト）

(4) 銀行、生損保——経済の基盤を支えたい、人々を助けたいと熱く語る

日銀で働く法政大OGはゼミの「輪読」で伝える力を身につけた

いつの時代でも銀行、生損保の人気は高い。それだけ信頼されているからだろうか。

三井住友銀行、みずほ銀行、日本銀行、アフリカ開発銀行に就職した早慶MARCHの

学生を紹介しよう。

中央大経済学部出身（19年卒）の男性・Oさんはみずほ銀行で働く。学生時代は充実した生活を送りたいと思って、2つのゼミに所属していた。

1つは学部の伊藤伸介ゼミで、グループでテーマを決めて、それに関連したデータを収集・整理し、発表していく。ここで円滑なチームワークに必要なコミュニケーション能力やプレゼンテーション技術、スケジュール管理など、社会人に必要な基本スキルを身につけることができた。

もう1つのゼミは「スポーツ・健康科学プログラム」だった。

「ここでは、海外研修や経済学部以外の学部生との交流などを通じて、他分野の専門知識や能力を吸収するいい機会が得られました。また、自分とは異なる意見を受け入れ、さまざまな物事を多角的に捉える想像力の大切さを学びました。コミュニケーション能力は取引先との交渉に、他分野の専門知識や能力は新たな提案の創出に役立っています。今後は、法人営業担当者として多くの企業の発展に貢献していきたいです」（中央大ウェブサイト）

法政大経営学部出身（14年卒）の女性・Sさんは、日本銀行に勤務している。

人が安心して暮らすためには、経済の安定が不可欠。経済の安定を根底から支えたいと考え日本銀行を選んだ。現在、外国との経済取引を整理して記録する統計の作成業務に従事している。統計の元データとなる取引について、報告内容の正当性を確認する際など、一筋縄でいかない場合も少なくない。そんなとき、学生時代に身につけたスキルが役立っている。

「自らが集計・公表に携わった統計が、経済の安定を支える基盤として経済分析や政策判断に影響を与えていることに、強いやりがいを感じています。上司から「いつも端的でわかりやすい説明で助かる」と、うれしい言葉をいただくことがあるのですが、これも大学で養われた力だと思います。たとえば、ゼミでよく行っていた「輪読」など、内容を正確にまとめて自らの意見を端的に伝える力が身につきました」(「法政大経営学部案内2023」)

中央大国際情報学部出身の女性・Sさん(22年卒)は三井住友銀行に就職した。

学生時代はゼミでAIに関する世界動向、行動経済学、地方創生など多岐にわたる分野を学んだ。特に印象に残っているのは、社会情報学会に参加し、「スマートシティ、地方創生」をテーマに取り組んだことだ。現地の自治体職員の方々からヒアリング調査をしたり、海外の事例を学んだりすることもできた。学会発表に向けてメンバー間でコミュニケーションを図りながら最後までやり抜くことができ、非常に貴重な経験となったという。

アルバイトは接客販売が中心だった。大学入学までは初対面の人と接するのが苦手だったが、さまざまな年代の人と接する機会が増えたことで苦手意識がなくなった。銀行を選んだ理由についてこう話す。

「父が営んでいる会社が新型コロナウイルスにより影響を受けたことがきっかけで、厳しい経営状況に置かれている会社を支えることができる銀行の仕事に興味を持ちました。また、自分自身の提案によって活路を見出すことができたり、膝を突き合せて話をする中でお客様の思いにお応えできたりする点に、より一層魅力を感じました。中でも三井住友銀行は、従業員の方々の仕事に対する熱量、そして学生に対して熱く向き合ってくださる姿勢を強く感じ、最終的にエントリーを決めました」（中央大国際情報学部ウェブサイト）

早稲田大学社会科学部出身（17年卒）の男性・Hさんは損害保険ジャパンに就職した。「より多くの人を支えられるような仕事に就きたい」という思いを抱き、自然と惹かれたのが損害保険業界だった。

「『さまざまなリスクに対応する』という点で、まさに多くの人の支えになれると感じましたし、世の中から事故や災害などのリスクがゼロになることはないので、ビジネスとしての持続性も高いように思ったのです。ちなみに、数ある損害保険会社のなかから損害保険ジャパンを選んだのは、事業領域が広く、社員が魅力的だったからです」（「早稲田大大学案内2023」）

（5）IT系流通サービス、通信――時代の最先端をいくビジネスとしての自負

青山学院大生、ワクワクする業界目指しIT企業を中心に就活

IT系流通ビジネスはどんどん進歩を遂げる。たとえば、ネットで受けるサービスは便利になってわたしたちの生活を快適にしてくれる。楽天、Amazon、ヤフーなどはあまりにも身近ゆえ、学生から人気企業として注目される。

楽天グループで働く中央大、青山学院大の出身者についてとりあげよう。

中央大国際情報学部（22年卒）の男性・Uさんは在学中に最も力を入れたのがエンジニアの長期インターンシップだった。本番環境で使用しているプログラムの開発を担当し、知識や技術を得られたのは大きかった。大学の授業やインターシップの業務でプログラミングが自分に向いていることがわかってからは、就職活動ではエンジニアとしてエントリーしようと決心する。

「リーダーとして他のインターン生の業務管理や育成、指導などを任せていただいたことでマネジメント能力を身につけることができました。学生のエンジニア採用ではマネジメントなどといった技術以外の力もかなり重宝されているような印象を受けたため、リーダー経験は本当に貴重な経験だったと感じています」（中央大国際情報学部ウェブサイト）

会社を選ぶにあたって、海外経験で培った適応力と言語を生かしたいと考えた。英語が公用語であり、さまざまなバックグラウンドを持つ人が集まる楽天グループがもっとも自分に合うと感じエントリーをした。

青山学院大社会情報学部出身（22年卒）の男性・Nさんは、パイロットをめざして勉強する一方、友人と事業を立ち上げるなど多忙な学生生活を送っていた。興味をもったことに意欲的にチャレンジするマインドを得て、失敗は挑戦の証《あかし》ととらえることで、その数は誇りにつなげるというポジティブな姿勢を貫いた。いまの自分の興味や適性に従って、ワクワクする業界に進もうと思い、事業運営の経験からＩＴのさらなる将来性を考え、ＩＴ企業を中心とした就職活動を始める。

「社会情報学部ならではの授業である「プロジェクト演習」が、将来の選択に大きく影響しました。演習ではリーダーとして産学チャレンジに取り組み、企業にプレゼンをしたり、チームのメンバーを統括したり。実践から得たやりがいや学びによって、就職活動では自分の熱意をより実感をもって表現できました。（略）就職活動では、自信が過信となり失敗した経験から、何ごとにも誠実に取り組む姿勢を学びました。面接準備から当日のマナーの習得まで、どんなプロセスもおろそかにせず、真摯に向き合ってきた積み重ねが、内定につながったのだと思います」（青山学院大ウェブサイト）

続いて、通信分野で働く青山学院大、中央大の理工系学部出身の女性2人を紹介しよう。

青山学院大理工学部出身（22年卒）の女性・Yさんは、機械創造工学科で学び、サークルはものづくり系の「ハイブリッドロケットサークル」などに所属していたため、就職先は漠然とメーカー系かIT系を考えていた。就職活動に臨むにあたって、あらためて「自分は何をしている時が楽しいのか」を自らに問いかけ、「プログラミングでものづくりに貢献したい」という結論に行き着き、進路をIT企業に絞り込んだ。そして、楽しく働ける環境が整っているかを軸にして企業を探した。

「大変だったのは、就職活動と勉強との両立でした。特に4年次の1月、2月は企業へのエントリーと、研究室配属を決める重要なテストが重なり、就職活動に専念できず焦りを感じていました。しかし同じ状況に置かれている友人と不安や悩みを相談し合い、大変なのは自分ひとりじゃないと実感。時間がないぶん集中して勉強しようとお互いに励まし合いました。就職活動の進め方やエントリーシート作成のポイントを共有するなど、みんなで助け合うことで、就職活動と勉強を両立できました」（青山学院大ウェブサイト）

ＮＴＴデータにはこんな人が働いている。

中央大理工学部出身（06年卒）の女性・Ｏさんは経営システム工学科（現在、ビジネスデータサイエンス学科）で情報システム、品質管理、生産管理、経営学などさまざまな分野を総合的に学んだ。いま、プロジェクトマネージャーとして、顧客企業に寄り添ってＤＸの実現に取り組んでいる。

「現在の業務において、大学時代に幅広く学び、組織や人間の理解を深めたことが、とても役立っています。というのも、ビジネスの現場で求められるのは、高度なコミュニケーション能力であり、顧客企業との関係構築はもちろん、システム開発では多くの会社や技術者と協働します。こうしたビジネスコミュニケーションの土台となるのが、大学時代に学んだ幅広い分野の基礎知識なのです」（中央大ウェブサイト）

（6）マスコミ――テレビ、出版でいまをしっかり伝えたい

立教大からNHK。「社会にインパクトを与えられる仕事をしたい」

ＮＨＫ（日本放送協会）に就職した青山学院大、立教大出身者が学生時代をふり返っている。

青山学院大文学部出身（22年卒）の女性・Ｋさんは、人と会うことが大好きで好奇心も旺盛なため、多様な人々と交流できるマスコミ業界を志望した。大学が渋谷にあるというロケーションを活用し、渋谷近辺で開催される学生交流プログラムやキャリア関連イベントに参加した。大学や年齢の垣根を越えて多くの学生、社会人に出会えたのは収穫だった、また授業の前後で気軽にイベントに参加でき、恵まれていたと、受け止めている。

文学部共通科目「放送ジャーナリズム」の担当教員がＮＨＫのディレクターだった。

「思い切って就職相談のメールを送ったところ、熱心にアドバイスをくださりました。さらに、マスコミ関連や関心のある専門領域の先生方と積極的にコンタクトを取り、情報を収集。どの先生も熱意をもって学生と真剣に向き合ってくださるため、本当にありがたか

ったです。（略）就職活動の軸が定まったきっかけはコロナ禍です。世界が通常の生活に戻っても、働き方のひとつとしてリモートワークが定着するだろうと考えた時、自分はパソコンに向かうよりも現場に足を運んで取材する仕事が向いていると認識しました」（青山学院大ウェブサイト）

立教大異文化コミュニケーション学部出身（20年卒）の女性・Kさんは、幼少のころ、海外に住んでいた。そこで唯一見ることができる日本のテレビ局がNHKで、遠く離れた日本の情報は彼女の心を安心させてくれた。また、現地の友人も「NHKは知っているよ」と言っていて、日本と海外の接点でもあるNHKにとても魅力を感じていた。就職活動をこうふり返る。

「就職について考えはじめたのは3年生の夏。ただその頃は漠然と「社会にインパクトを与えられる仕事をしたい」とイメージを持っていただけで、インターンシップでいろんな企業を見たり、キャリアセンターで連絡先を調べてOB・OG訪問をしたり、手探りでのスタートでした。業界も絞っておらず、30社以上の企業にエントリー。そのなかの一つが日本放送協会（NHK）でした」（立教大異文化コミュニケーション学部ウェブサイト）

（7）鉄道、建設、海運――とっておきの技量を磨き社会に貢献する

中央大生、誰かのやり方をなぞるだけでなく、実際に自分で動いてみる

ＩＴ系やソフト開発のビジネスが注目されるなか、重厚長大のハードなビジネスも見直されている。世界中で通信が発達したところで、ものを作り、運ぶ仕事はなくなるわけではない。また、たとえば鉄道、建設、海運のビジネスにはコミュニケーション力、ＩＴの技術が求められ、多彩な人材が活躍するようになった。

ＪＲ東日本、清水建設、商船三井で働く早慶ＭＡＲＣＨを紹介しよう。

中央大文学部出身（14年卒）の女性・Ｏさんは、ＪＲ東日本に勤務する。彼女は接客の仕事がやりたくてサービス業を志望しており、さまざまな業種を探していた。その中で日常的に利用している鉄道業界がとても身近な存在に思えた。仕事をする自分の姿が想像しやすかったこともあり鉄道業界を研究し福利厚生の面を考慮してＪＲ東日本を選んだ。

「私は飽き性で気分屋なので、あまり根を詰めて活動してもやる気がなくなってしまうだろうなと自己分析がてらに考えていました。そのため、自分のペースで就活するためにも

〝コツを掴むこと〟を重視し、効率よく活動することを常に考えていました。ESでは友人と何度も添削し合うことで要領良く上手い文章を作れるようになり、面接では前回の反省点の改善に加えて〝新しいことを1つやってみる〟など、自分なりのやり方を確立していきました。誰かのやり方をなぞるだけでなく、実際に自分で動いてみないと就活のコツを掴むことはできないと考えます」（中央大ウェブサイト）

青山学院大理工学部出身（22年卒）の男性・Mさんは清水建設で働いている。就職活動を始めた頃は緊急事態宣言の発出と重なり、対面で相談できる人がいなかった。このとき進路・就職課でオンラインの個別相談が気軽にできたことは心強かったという。内定につながったポイントについて、2年次に履修した「アルゴリズム設計」で実践的なプログラムの実装を学んだことをあげている。難しい課題を根気強く考え抜いて解けた時の喜びは大きかった。この学びを活かしてアルバイト先の事務作業をプログラムで自動化し、作業時間を短縮することもできた。これらの経験からシステムエンジニアの仕事に興味をもった。建設業界を志望したのは、同業界を題材にした経済小説を読み、都市の安全と発展を支える使命を担った素晴らしい産業だと感じたからだった。ゼネコンのIT部門を志望しており、大学での学びの成果をこの魅力的な業界で発揮したいと抱負を語っている。

「内定につながった要因は「志望先に対する熱意では誰にも負けない」と信じて疑わなかったことだと思います。その業界や企業が行っている取り組みについて徹底的に調べ、疑問に思ったことは社員の方に質問してより深く理解することを心がけました」(AGU LiFE)

青山学院大地球社会共生学部出身(22年卒)の女性・Tさんは海運業の商船三井から内定をもらった。Tさんは母国のコロンビアと日本で育ち、2年次にマレーシアへの留学も経験したので、国際的に活躍できる仕事を望んでいた。海運業界に絞ったのは3年次にコロンビアに帰省したときだ。新型コロナウイルス感染症が流行し始めたころで、空港やお店の大半が閉鎖されたなか、輸出入関連の業務は止まっていないことを知って感銘を受けた。両親も海運業に携わったことがあり、大好きな日本に貢献するという夢を実現できる業種だと感じて、海運業の仕事を選んだ。

「悩みがあればひとりで抱え込まず、先生方や友人からの客観的なアドバイスを素直に受け入れ、学ぶ姿勢をもつようにしていました。そして、モチベーションを高く保つため、自分が好きなことに打ち込む時間を確保。趣味の筋力トレーニングをしながら面接で話す内容を復唱すると集中できましたし、落ち込んだ時も散歩は欠かしませんでした。気持ちよく就職活動と向き合えるように、リフレッシュする時間を設けることが大切です」

（AGU LiFE）

第10章　進路（国家試験、資格試験）

——早慶ＭＡＲＣＨの合格作戦

1　公務員試験

（1）総合職試験と一般職試験。キャリアとノンキャリア

「在野」の早稲田大は慶應義塾大よりも官僚志向

国家公務員は「総合職」と「一般職」に分かれる。国家公務員の総合職試験、一般職試験に合格して、各省庁に採用される人たちがいる。彼らは官僚と呼ばれる。

総合職は各省庁の幹部候補生となり、やがては局長、官房長、事務次官などへ昇進して、国の政策を担う中枢にその身をおくことになる。キャリア官僚、高級官僚、エリート官僚と呼ばれることがある。総合職試験はかつて「国家公務員I種」「上級甲種試験」と称していた。日本国内でもっとも優秀な人材が集まる集団という自負があってのことだろう。

実際、総合職試験は難関である。それは合格者に東大出身が圧倒的に多いことからもわかる。そもそも東大の成り立ちが、明治政府によって「国家ノ須要ニ応スル学術技芸ヲ教

授シ……」と位置づけられていた。つまり、東京大は国家の中枢を担う官僚を送り出す機関として存在していた。それが今日まで140年近くにわたって続いてきたことになる。こういう世界に、早慶MARCHは縁がないのだろうか。そんなことはない。2010年代、早慶は食いこんでおり、MARCHも上位10校のなかで健闘している。

一般職は各省庁で政策の運営、遂行を行い、中堅幹部を養成する。ノンキャリと呼ばれることがある。総合職のほうが一般職よりも省庁内で昇進は早いが、最近では、一般職でも優秀な人材が局長など重要なポジションに登用されるようになった。実力主義がとられている。一般職試験では早稲田大、明治大、法政大、中央大が強い。

国家公務員試験総合職、一般職合格者の最新データおよび経年変化をまとめてみた（図表10－1、10－2）。総合職では2022年、東京大は早稲田大の3倍近い。2位以下を大きく引き離して、圧勝といえる。しかし、過去20年をさかのぼると5倍、6倍という年もある。1980年代以前は、10倍の開きがあった。なるほど、むかしの数字を眺めるにつけ、東京大と早稲田大の差がいくぶん縮まったものであると思わされる。早稲田大が2位の京都大に近づいていることも特筆すべきだろう。上級甲種試験と呼ばれた戦後間もないころから70年以上、東京大、京都大のワンツー・フィニッシュが続いていたが、2020

年代には崩れるかもしれない。

　早稲田大の教育理念は「在野」だが、いまや官僚志向の学生は少なくない。ビジネス志向が強い慶應義塾大のほうが、お上からみれば「在野」感がある。不思議なものだ。

　ところで、早稲田大の合格者が以前にくらべて急増したというわけではない。50人以上は必ずいた。彼らは政治経済学部に多い。同学部は東京大文一の併願先である。もともと東京大文Ⅰ、官僚を目指していたが、東京大に受からず、浪人したが、それでもかなわず、早稲田の政経に通うことになった。そこで「敗者復活戦」的な思いで国家公務員に挑む。

　そんな学生がみられた。これは1990年代までの話で、いまは少し様子が違ってくる。早稲田大の政経、あるいは法に入ってから、自分の進路をじっくり考えて国に尽くしたい、という思いを抱く学生が多くなっ

	2020年	2021年	2022年
	90	98	84
	60	59	49
	48	75	41
	21	25	34
	11	10	24
	4	6	7
	3	3	6
	249	362	217
	131	142	130

	2020年	2021年	2022年
	173	217	209
	139	193	194
	160	174	188
	95	97	114
	44	81	93
	49	71	60
	31	49	52

図表10－1　国家公務員総合職合格者の推移

	2015年	2016年	2017年	2018年	2019年
早稲田大	148	133	123	111	97
中央大	58	51	51	50	59
慶應義塾大	91	98	79	82	75
明治大	22	27	28	39	19
法政大	6	7	9	10	17
青山学院大	4	3	1	3	3
立教大	6	3	2	2	6
東京大	459	433	372	329	307
京都大	151	183	182	151	126

所管省庁資料から作成。単位：人

図表10－2　国家公務員一般職合格者の推移

	2015年	2016年	2017年	2018年	2019年
中央大	213	224	195	213	199
早稲田大	318	277	229	176	170
明治大	183	170	148	207	165
法政大	123	97	89	99	123
立教大	85	91	72	74	84
慶應義塾大	119	104	56	75	63
青山学院大	50	39	47	34	36

所管省庁資料から作成。単位：人

た。

　これはその時代の景気に関係してくる。好景気であれば公務員離れで民間企業にすすむ。不景気が続けば、公務員志向が強まる。早稲田大の合格者をみると、1960年代のいざなぎ景気、1990年前後のバブル期、2000年ごろのＩＴバブル期に、総合職試験合格者数は伸び悩んでいる。しかし、不景気になると合格者は増えている。東京大が景気にかかわらず、合格者を維持しているのは、大学のカラーのなせるわざであろう。

国家公務員の早稲田大の合格者数が京都大を抜き、200人の大台に乗ったとする。となれば、早稲田は官僚養成大学という評価がなされてしまうのか。これまで東京大の併願校であっても、東京大にはならなかったことに、早稲田大のアイデンティティーがあった。これもずいぶん使い古されたことばだが「ミニ東大化」とみるべきか。いや、これからの時代、官僚そのものが東京大ではなく、早稲田大のカラーを求めるようになったという、ニュー早稲田とポジティブに捉えていいものか。早稲田大出身の官僚の活躍次第である。

中央大、明治大、法政大は公務員希望学生を応援

慶應義塾大はどうだろうか。合格者数の推移を見る限り、早稲田ほど官僚志向が強くなっていないようだ。銀行、商社、メーカーに入って日本経済を引っ張っていくという気概のようなものが、慶應のカラーとしていまに引き継がれている。ビジネスの追求というポリシーからすれば、官僚という存在は相容《あいい》れないのか。1980年代以前、総合職試験合格者で東京大とかなりの差が開いていたのは、このあたりに理由がありそうだ。これは、次節でみるように公認会計士にやたら強いことと無関係ではない。自分の才覚を国ではな

く企業で生かしたいというメンタリティが慶應には強い。また、起業、海外留学でMBA取得という学生も多く、官僚とはまったく違う世界に流れていく。そのうち、外資系企業として官僚の前に現れ、省庁が作った規制を壊していくのか。

慶應義塾大の学生はこう分析する。社会科学系（経済、商、法）の教育内容に官僚養成的な要素が少ない。慶應の学生は政財界2世3世が少なからずみられ、彼らに官僚志向はない。とはいっても、不景気になれば公務員志向が強まる。慶應の学生も選択肢の一つとして考えている。早稲田にならうかのように、不景気のときに合格者が増えている。近い将来、総合職試験で早慶の台頭によって、東京大の「国家ノ須要ニ応スル」役割が弱まっていく、つまり、官僚に早慶が増えて、国のありようが変わってくる、ということも考えられないわけではない。いや、変わったほうがおもしろいだろう。いつまでも特定の大学に省庁が支配されているよりはずっといい。

中央大は私立大学で三番手につけている。法学部が強いこともあって司法試験の科目と重なるところもあり、総合職も受けてみるという学生がいたからだ。これは、東京大の優秀な学生によく見られた。中央大のYさんは総合職試験に合格、文部科学省に内定した。朝8時から夜11時まで大学で勉強したという。こう話す。「中央大学の学生もまじめですし、静かに勉強に打ち込める環境が整っていると思います。また、公務員として働く先輩も多く、ゼミなどを通じてさまざまなアドバイスをいただきながら受験に臨めたのでとても心強かったです」

四番手につけている明治大には国家試験指導センター行政研究所がある。1957年に設立。目標は「1人でも多く国家公務員総合職試験最終合格を出すこと」に置く。1年次から4年次まで一貫したカリキュラムで学ぶ。

法政大のZさんも総合職試験に合格、法務省に内定した。学内の公務員試験講座を受けた。「Web上で補講を受けられるサポートもあり、一度では理解が不十分なときもわかるまで何度も繰り返し復習することができました。また、講師の方に相談できる機会も設けられており、勉強の仕方や併願先についてアドバイスを受けながら、着実に準備を進め、希望する進路をかなえることができました」

	2020年	2021年	2022年
	19	18	22
	4	3	4
	1	4	3

	2020年	2021年	2022年
	3		3
		1	3
	1	6	1
		3	1
	1	2	1
	2	1	
		1	

図表10－3　外務省総合職採用者の推移

	2015年	2016年	2017年	2018年	2019年
東京大	15	13	19	15	22
慶應義塾大	3	4	5	6	5
早稲田大	1	3	2	1	1

所管省庁資料から筆者作成。単位：人

図表10－4　外務省専門職員採用者の推移

	2015年	2016年	2017年	2018年	2019年
中央大			1		
法政大					
早稲田大	7	4	5	5	5
慶應義塾大	3	1	6	5	1
明治大			2	1	3
青山学院大				2	2
立教大	1				1

所管省庁資料から筆者作成。単位：人

省庁不祥事や官邸主導政治が嫌われ、東京大や早稲田大で官僚離れ

外務省総合職は、将来の大使など外交官幹部候補生である。伝統的に東京大が強い。早慶は2ケタ合格者を出すこともできず、この壁をなかなか破れない（図表10－3、10－4）。それでも早慶は2000年代まで合格者は1人か2人だったが、2010年代半ばから少しずつ増えている。外務省総合職試験は外国語がかなり難関だが、それだけ早慶には優れた語学修得者が増えたということだろう。私立大学がもっと増えることを望む。

外務省専門職は、その国、地域の専門

家となって政府の外交政策を実現する。現在は作家の佐藤優《まさる》さんが専門職試験を通って外交官となった。東京外国語大、大阪外国語大（現・大阪大外国語学部）、上智大外国語学部出身者が多く見られた。2000年代まで合格者に早慶は一定数いたが、MARCHはほとんど見られなかった。2010年代半ばをすぎると青山学院大、立教大などから合格者が出るようになった。国際系学部の設置、海外留学の増加などグローバル化が反映されたと言えよう。

ところで、国家公務員総合職採用試験合格者上位校の推移をみると、深刻な事態がおこっていることがわかる。

早稲田大は15年148人→16年133人→17年123人→18年111人→19年97人→20年90人→21年98人→22年84人とほぼ右肩下がりを示している。慶應義塾大も15年91人から22年41人と半分以下になった。東京大の減り具合はもっとひどい。15年459人→16年433人→17年372人→18年329人→19年307人→20年249人→21年362人→22年217人となっている。8年で230人以上も少なくなった。これにはさまざまな理由が取りざたされている。財務省など官僚の不祥事、国会答弁作成などブラック企業さながらの徹夜仕事の連続、それに見合う給料をもらっていない、20代・30代まで働きがいがない、などだ。これまで国家公務員採用総合職試験を受けていた層が、20代で自分の力が発揮でき、待遇が良いといわれる外資系銀行やコンサルティング企業に流れたという見方も、第9章の285ページに引用した教授の話を読むとなるほど、合理性をもちうる。15年は東京大、京都大、早稲田大、慶應義塾大の4校合計で849人だったのが、22年になると472人になっている。

優秀な人材が官僚にならない。日本の将来は大丈夫だろうか。

(2) 経済産業省、財務省

明治大生、借金の多さに衝撃を受け日本の財政に興味を持ち財務省を志望

財務省につとめる法政大、明治大出身者の話をまとめた。

法政大法学部出身の男性・Kさん(16年卒)は、大学入学時、社会のルールとして法を学びたいと考え法学部に入学した。授業などで法律の奥深さを学ぶなか、法律を制定、運用する側の行政に興味を持ち、卒業後の進路として国家公務員を念頭におくようになった。

「国と地方の借金(国債)が1000兆円を超えたニュースが話題となっていたことで、

借金の多さに衝撃を受け、日本の財政に興味を持ったため、財務省で働きたいと考えるようになりました」（「法政大法学部案内2023」）

コロナ禍による財政出動の際には、財源として国債発行が必要となった。このとき、国債の重要性をあらためて認識したという。

明治大政治経済学部出身（13年卒）の男性・Nさんは入学から4年間、大学の行政研究所に通いつめて試験勉強に打ち込んだ。

「公務員試験の勉強だけではなく、政策の考え方や日本の現状などいろいろなお話をしてくれます。官庁訪問対策は自らの考えの至らなさを痛感し、自分の考えを洗練させることができる良い機会となります。（略）多くの人がそうであるように、私自身も進路を決めるにあたって迷いや不安と戦いました。そのとき、行政研究所での日々が脳裏に蘇り、「行政研究所での努力を無駄にしてはいけない」と初心を貫き通すことができました」（明治大行政研究所ウェブサイト）

(3) 厚生労働省、農林水産省

福利厚生や労働、食糧や環境問題担当の省庁に注目が

中央大文学部出身（18年卒）の女性・Mさんは厚生労働省に勤務する。彼女は学生時代、エミール・ゾラの『居酒屋』を授業で学んだ。「過酷な労働と劣悪な生活環境から逃れるように酒を飲んでいる社会は、今の日本も大して変わらないじゃないか」と思ったことがきっかけとなり、国内の労働問題に関心を持ちはじめた。

「公務員の仕事は、働くことや生活の保障を通して、広く人々の暮らしを支える国の施策に最前線で関わることができ、どの部署でもやりがいは計りしれません。私としては、今後も見識を広げながら、労働分野に関わる仕事をしたいと思っています。自分に合った学び方ができる中央大学で見つけた〝初志〟を貫き、「大人になったら楽しいよ」と、子どもたちに胸を張って言える社会をつくりたいと邁進《まいしん》していきます」（中央大ウェブサイト）

最初に配属された労働基準局では、働く人の安心や安全を守るため、長時間労働の是正や多様で柔軟な働き方の実現に取り組んでいる。現場や当事者の声を直接聞く機会に恵まれて、学ぶことが多く刺激に満ちていた。

明治大農学部出身（21年卒）の女性Oさんは農林水産省で働いている。大学入学時のこ

ろから公務員志望だったため、専門科目に必要な科目は全て大学の授業を受講し、勉強をした。大学3年のとき公務員講座に参加し筆記試験の対策を始めた。本格的に勉強し始めたのはこの年の冬ごろからで、毎日8時間ほど勉強したという。国家公務員試験の筆記試験は例年6月中旬に行われるが、20年はコロナ禍で8月に延期された。9月上旬には筆記試験の合格発表を受けて官庁を訪問し、10月中旬に最終面接を受けて内定をもらった。農林水産省をめざした理由、就職活動で印象に残ることをこう振りかえる。

「大学で学んだ農学の知識を生かしつつ、多くの方々の役に立つ仕事がしたいという思いから、農林水産省への入省を決めました。また、自分の仕事で国内外に大きな影響を与えることができる、業務内容のスケールの大きさに魅力を感じたことも理由の一つです」

「一番印象に残っているのは面接練習です。コロナ禍であらゆる面接などが延期になり日々不安を抱えていた中で、就職キャリア支援センターの方にオンラインで面接練習をしていただき、毎回明確なアドバイスと励ましの言葉をかけていただいたことにとても感謝しています」（「MEIJI NOW」2021年5月7日号）

（4）外務省

「外交官志望の原点は貧困などの社会問題を目の当たりにしたこと」

外交官になるためには難関の試験を突破しなければならない。かなり狭き門だ。まず、慶應義塾大出身者の女性たちを紹介しよう。

経済学部出身（19年卒）の女性・Kさんは学生時代、ゼミで東南アジアの途上国を訪れたり、アメリカに留学した経験から、世界の中での日本のあり方を考えていきたいと感じた。こうした経験が日本を客観視する初めての機会となり、日本が今後国際社会でどのような役割を果たすべきかを考える仕事に魅力を感じ、外務省が真っ先に選択肢にあがったという。

「説明会で「国と国との信頼関係は、究極的には人と人との信頼関係だ。」というお話を伺いました。私は、国と国を繋ぐ役割を担う者として、他者から信頼される魅力的な人物になりたいです。（略）民間就活もしたことで、「自分は国家公務員になりたい。」と確信できました。また、他省庁とも悩みましたが、そうした悩みが逆に自分自身の初心や成し遂げたいことを見つめなおす機会を与えてくれました」（外務省フェイスブック18年3月10日）

法学部出身（21年卒）の女性・Iさんは交換留学先のスイスにて社会学や多民族共生、

移民問題について学んだ。中学時代に在住したタイで、貧困や難民といったあらゆる深刻な社会問題を目の当たりにしたことが、外交官志望の原点となっているという。世界に視野を向けるとともに、日本と世界の架け橋として国際社会問題の解決に貢献したいとの思いを抱いていたこの漠然とした思いが明確な志となったのが、大学での学びと経験である。国際政治を学び、国際社会において各国がそれぞれの立場から織りなしてきた外交と歴史への関心が深まり、日本の立場、日本外交の魅力を強く意識するようになったという。

「在学中にウクライナにてOSCE大統領選挙監視団として活動する機会に恵まれた折には、多国籍の仲間とともに同一のミッションを達成する中で絆《きずな》が生まれ、日本人としての立場を堅持しながらも世界を視野に国益・国際益を追求する外交官としての一生に人生をかけて挑みたいと強く願うようになり、外務省の門を叩く決意をしました」（外務省フェイスブック20年11月12日）

続いて早稲田大学出身の外交官である。

法学部出身（22年卒）の男性・Nさん。自分が生まれ育った日本という国をより良くすること、具体的には自分の世代だけでなく、自分の子供や孫の世代も平和と繁栄を享受し、豊かな生活を送れるような国を創ることが自分の人生の目的であると確信して、国家公務員を志望した。その後は、日本に対する危機感や問題意識に照らして、外務省を選んだ。危機感の1つを次のように記す。

「人口減少に伴い、今後日本の国内市場は縮小し、国際社会での競争力も低下します。高齢化も急速に進むなかで、30年後、40年後の日本はどのような国になっているのでしょうか。将来の日本は、国民が経済的繁栄を享受し、豊かな生活を送れる国であり続けることができるのでしょうか。外務省への内定が決まった現在でも、この人口減少が日本にとって最も深刻な課題であると感じています。人口減少を食い止めることが困難である以上、今後日本は、国際社会の中での競争を勝ち抜き、成長力を国際社会の側から取り込むことのできる国になる必要があります。人口減少のなかでも国家の繁栄を維持し、将来の世代が豊かな生活を送ることのできる持続可能な国を作るためにも、外交がやらなければならないことは極めて多いと考えています」（外務省フェイスブック22年1月17日）

「途上国と日本の架け橋となって関係強化に携わりたい」

外務省専門職試験に合格した中央大、早稲田大の2人の話を聞いてみよう。

中央大学法学部出身（21年卒）の男性・Eさんは、ゼミやサークルで国際法を勉強したり、模擬裁判への参加や国際機関でのインターンを通じて実践的に国際法に触れるなど、とにかく国際法漬けの日々を送っていた。外務省専門職試験は2回目の挑戦で合格した。

外交官として働きたいと思うに至ったきっかけは中学生の時に福島で経験した東日本大震災だった。漠然と将来は人々の安全を守ることのできる仕事がしたいと考えるようになり、国際法を学ぶなかで、国際社会全体の平和と繁栄を実現するため、日本の安全を追求できる外務省を目指した。

「日々コツコツと努力を積み重ねることが内定への一番の近道だということです。目標を追いかけ歩んでいる間は目標が大きく見えて不安になることもあると思います。しかし、できないことを一つずつできるようにする、これまでの自分とこれからなりたい自分に向き合う、その積み重ねが着実に自分を内定へと近づけてくれるはずです。そして試験・面接の当日はそれまでの自分の頑張りを信じて思う存分実力を発揮してください」（外務省フェイスブック21年2月17日）

早稲田大学政治経済学部出身（21年卒）の女性・Fさんは、学生時代、イタリアのミラノに留学し、ミラノ商工会議所でインターンをしたり、一人旅したり、アクティブに過ごしていた。インドをバックパックで訪れたこともある。1人の日本人として、途上国と日本の架け橋となり、その関係強化に携わりたいと考えるようになった。タイでは、人々が例えば薬局や百均など日本製品に絶大な信頼を置いており、日本人であることを誇りに思えた。一方、東南アジア諸国でのボランティア活動で貧困を目の当たりにして、日本の豊かさが当たり前でないこと、そして自分自身がいかに恵まれているかを痛感する。

「そもそも外交官という職業に関心を持ったのは、国際政治や地球規模課題に興味がある、言語が好き、外国に住み文化に浸ることが好きという単純な事柄からでした。ですが、この仕事はそれ以上に、日本と国際社会、特に途上国との関係構築に携わることで、これらの国々から受けてきた恩恵を、双方に還元することができるのではないかと考え志望しました。（略）私は、常に初心者であることを忘れず、しかしいつか、現在では想像できないことも可能にできるようになりたいと考えています」（外務省フェイスブック21年2月5日）

（5）地方公務員――警察官、教員

明治大情コミの「厳しくも温かい指導」

早慶MARCHのうち、早稲田大、中央大、明治大、法政大は地方公務員が多い。Uターンで地元自治体に就職する学生は結構見られる。

地方公務員の特別職として警察官をまとめた（図表10－5）。いずれも法政大がもっとも多い。かつては体育会系が多いと言われたが、いまは一般学生でも目指すようになった。そのきっかけは、東日本大震災という学生は少なくない。

公務員である小中高校の教員についてもまとめてみた（図表10－6）。どうしても教育学部、教育学科があるところが強い。立教大のBさんは、文学部教育学科初等教育専攻課程出身である。長野県の小学校に勤務する。

「教員免許状取得のために必要な介護などの体験や教育実習に向けて、学校、社会教育講座の方々や教育学科の先生のサポートもあり、安心して準備に取りかかることができるのだと思います」

早稲田大のCさんは、教育学部出身。静岡県で高校教師をつとめる。

	2020年	2021年	2022年
	29	21	28
	25	17	19
	20	34	17
	9	12	9
	9	8	7
	11	6	4

	2020年	2021年	2022年
	17	22	32
	42	33	29
	11	24	26
	16	17	20
	15	17	18
	18	22	17

図表10－5　警察官採用者の推移

	2015年	2016年	2017年	2018年	2019年
法政大	47	44	29	26	24
明治大	21	17	24	19	29
中央大	27	19	26	21	22
立教大	9	16	13	12	6
早稲田大	14	10	11	11	3
青山学院大	11	10	8	12	3

大学通信調べ。単位：人

図表10－6　教員採用者の推移

	2015年	2016年	2017年	2018年	2019年
中央大	33	29	21	25	27
早稲田大	56	41	39	45	44
青山学院大	34	16	12	11	12
立教大	10	13	5	14	9
明治大	27	11	14	14	18
法政大	27	23	26	19	23

大学通信調べ。単位：人

在学中は教員就職指導室で教えを受けた。「学校教職経験がある先生方に、親身になって論作文の添削や面接の練習など細かく指導していただきました。また、教員を目指す仲間と指導室で出会えたことも力になりました」

　とはいえ、教育学部（学科）がない大学から教員になるケースは少なくない。

　たとえば、明治大の学生が中学校教員になる場合、学部で取得できる教員免許状は次のとおり。社会科＝法、商、経営、政治経済、文（史学地理、心理社会）、農（食糧環境政策）、情報コミュニケーション、国際日本。国語＝文（文学科日本文学、演劇学、文芸メディアの各専攻）。外国語＝文（文学科英米文学専攻＝英語、ドイツ文学専攻＝ドイツ語、フランス文学専攻＝フランス語）、情報コミュニケーション、国際日本。数学＝理工（電気電子生命、機械工、機械情報工、建築、情報科学、数学、物理）、総合数理（現象数理）。理科＝理工（応用化学、物理）、農（農、農芸化学、生命）。

他の早慶MARCHについて、教員免許取得の概要はこれとよく似ている。明治大情報コミュニケーション学部出身のDさんは、都内の中学校で英語を教える。

「教師になると決意したのは、就職活動が始まってからでした。そこからの道のりは決して簡単なものではありませんでしたが、教職課程の先生の厳しくも温かいご指導や、同じ目標をもつ仲間との出会いを通して、今、なりたかった自分になることができました」

2　資格試験

（1）司法試験、公認会計士試験

立教大、青山学院大が法科大学院募集停止

2004年、法科大学院制度がスタートした。中央大は法科大学院を都心（新宿区市谷本町）に設立する。司法試験合格者数についていえば結果を出してきた。2005年から2020年の累計で、合格者数は3位、合格率は5位だった（図表10－7、図表10－8　法務省調べ）。06年、12年、15年は1位だった。多摩に法科大学院を作ったら、これほどの成果は得られなかったと、関係者は見ている。

だが、素直には喜べない。入学者数が停滞しているからだ。12年321人だったのが、20年には86人となったからだ。22年には132人に戻している。だが、300人はおろか200人にも達していない。

23年、中央大法学部は文京区茗荷谷に移転する。法科大学院との連携をめざすなどが理由だが、学部に優秀な学生を集めたいという狙いがある。法学部の都心回帰1期生が法科大学院に進み司法試験を受けるまで、いまから最短で6年（法学部4年＋法科大学院2年）かかり29年に結果は出る。学部との連携で司法試験合格者を増やすためには、法学部の優秀な学生がそのまま中央大法科大学院に進むことが前提になるが、気になる数字がある。

	2020年	2021年	2022年
	75	115	104
	126	125	104
	85	83	50
	30	22	16
	8	8	12
	5	3	3
	4	3	1
	126	96	117
	107	114	119

21年、中央大から中央大法科大学院に入学したのは53人しかいなかった。ほかの法科大学院に進んだ人数は東京大47人、早稲田大27人、慶應義塾大26人、一橋大15人、大阪大6人となっている。いずれも司法試験合格率は中央大よりも高い。頭脳流出になっているとしたら、悩ましい話である。中央大は法曹養成機関の都心回帰によって、優秀な学生を引き留める魅力を作れるか。大きな課題である。

法科大学院制度が始まったとき、早慶ＭＡＲＣＨは同じスタート地点に立っているはずだったが、教育環境はすでに大きく違っていた。定員数である。中央大、早稲田大は３００、慶應義塾大２６０、明治大２００、法政大１００、立教大70、青山学院大60。これでは、合格者数で早稲田大、中央大、慶應義塾大に対して、ほかの４校が競えるわけがない。いや競うどころか生き残りも難しくなった。

２０１０年代後半、立教大、青山学院大は司法試験合格率がふるわなかった。それにともない入学者が集まらず、募集を停止している。法政大は司法試験合格者数が１ケタの状態が数年続き22年に12人に回復したが、この

図表10−7　司法試験合格者（法科大学院修了）

	2015年	2016年	2017年	2018年	2019年
早稲田大	145	152	102	110	106
慶應義塾大	158	155	144	118	152
中央大	170	136	119	101	109
明治大	53	36	30	25	26
法政大	29	15	8	17	7
立教大	16	10	9	9	7
青山学院大	3	1	2	6	4
東京大	149	137	134	121	134
京都大	128	105	111	128	126

所管省庁資料から作成。単位：人

図表10−8　司法試験結果（2005〜2020年累計）

	修了者	受験者数	合格者	合格率（%）
慶應義塾大	3,180	3,083	2,446	79.3
中央大	3,421	3,341	2,353	70.4
早稲田大	3,054	2,930	1,965	67.1
明治大	1,888	1,798	910	50.6
法政大	829	796	319	40.1
立教大	616	578	224	38.8
青山学院大	337	318	90	28.3
一橋大	1,375	1,347	1,114	82.7
京都大	2,519	2,444	2,004	82.0
東京大	3,354	3,200	2,571	80.3

ままの水準が続けば運営は難しくなる。明治大は20人を切ってしまい、合格率も10％台である。危険水域に入っているといっていい。

司法試験受験者数は15年8016人から22年3082人に減少

法科大学院がかかげる法曹養成教育は時代に合った内容が盛り込まれ、評価できるところも多い。そこには各校それぞれの特徴がある。法曹に進んだ者にはそれが反映されている。たとえば、学んだことを企業法務に生かせる。また、各校それぞれ得意分野をアピールしており、それが修了者の仕事に生かされる。

たとえば、企業法務に強い法科大学院修了者は企業の顧問弁護士となって、M&Aや危機管理に手腕を発揮するなどだ。慶應義塾大はビジネスに強いというカラーが法曹養成にも反映されているようで、OBOGには企業法務を手がける弁護士が多い。

Eさんは、慶應義塾大法科大学院出身。日本の商社の海外オフィスで企業間紛争やM&A案件などを担当している。こうふり返る。「「質問を受け、その場で一生懸命考えて短時間で答える」。これは法科大学院で要件事実論の田中豊先生の授業を受けていた頃の光景ですが、現職の仕事中の電話対応も同じです。こういう緊張感を伴いながら頭を使う訓練が仕事の全てで役に立っています。また、渉外法務WPでM&Aについて学びましたが、今思うと実務的なことを教えていただいたのだなと思います」

司法試験受験者数は15年に8016人だったが、22年には半分以下の3082人になった。質の高い法律家養成を目的に04年に始まった法科大学院制度は、司法試験合格までに多くの費用と時間がかかる、司法試験合格者が当初の想定よりはるかに少ない、大学院が乱立して定員割れを起こしたなど、さまざまな問題点が指摘されている。これはあきらかに失政である。早慶MARCHのうち2校が廃校に追い込まれたのは、法科大学院運営の甘さによる自己責任は当然、問われるが、大学だけのせいではない。法科大学院に関わった法務省、文科省、法曹界などにも責任がある。

なにより危惧されるのは、法曹に優秀な人材が集まらなくなることだ。10年後、20年後、日本の裁判は大丈夫なのか。優秀な官僚が減ることとともに、日本の将来を憂う。これが少子化というものなのだろう。

早慶MARCHは官界、法曹界をどうか下支えしてほしい。

公認会計士試験で火花を散らす中央大、明治大

慶應義塾大が公認会計士合格者数トップを48年間、続けている。商学部を中心にモチベーションが高い学生が集まっており、研究室、サークル、個人でダブルスクール通学などさまざまな勉強方法で合格者数を高い水準で維持している。公認会計士三田会という大きな同窓会組織がある。もっとも三田会が組織をあげて試験対策で強力にバックアップするというわけではない。

公認会計士合格者数の歴史をふり返ると、1960年代まで中央大が圧倒的に強かった。司法試験合格者実績とともに、このころ、「資格の中央」と呼ばれ、受験生にも周知されていた。商学部の難易度もかなり高くなっている。

しかし、1970年代に、慶應義塾大にトップを奪われ、早稲田大にも抜かれてしまう。司法試験と同様、多摩移転の影響によるという見方が学内に根強い。だが、中央大はここからはずいぶんふんばり、3位の座をキープし続けている。レベルを下げることをよしとしなかった明治大とは抜きつ抜かれつで、譲ろうとしない。2位奪還を目ざしている。

中央大が公認会計士に強かったのは学内に設置された経理研究所の公認会計士試験対策

講座があったからだ。専任講師9人はいずれも公認会計士、合格者20人から成る個別対応、すべての講義がウェブサイト視聴可、個人研究室の完備など。試験合格者のGさんが話す。

「勉強方面で先生方にいつも的確なアドバイスをいただきました。一人ひとりじっくり向き合ってくださるので、受講生にとってプライベートな相談もできるカウンセラーのような存在です。くよくよしやすい私は毎週のように先生と1対1で話し込みました」

明治大国家試験指導センター経理研究所は公認会計士試験を支援する。Zさんはここに通うために明治大に入学して、試験に合格した。こう話す。

「経理研では自分専用の自習室で勉強したり、合格後の就活サポートを利用したりしました。同じ目標を志している仲間と出会うことができます。友達と切磋琢磨し励まし合って、長い勉強生活を乗り越えてきました」

あとがき

早慶MARCHの知られざる魅力を伝えたい。本書を著した理由の1つである。受験生の大学選びに役立ててほしいが、一般の方にも大学のあり方を知ってほしい、という思いでまとめた。早慶MARCHの動向を観察し最新情報をチェックすると、日本の大学が将来、どこへ向かうのかが見えてくる。大学はグローバル化、ジェンダー平等、環境問題、多様性の尊重などにどう対応しているかについて、早慶MARCHの取り組みから読み取れる。

これらは日本社会全体でいま問われているテーマである。

たとえば、本書では早慶MARCHにおけるジェンダー平等のあり方を多く取り上げたが、大学に限った問題ではない。日本の社会で女性がどう活躍できるか、多様な性がどれだけ尊重されるか、という問題につながってくる。それゆえ、早慶MARCHで深く掘り下げた課題については、自分たちが直面するテーマとして受け止めてほしい。

社会にさまざまな問題提起を行う、という意味で、早慶MARCHはがんばっている、とわたしは思う。十分でない点、改善してほしい点はまだまだあるが。早慶MARCHをこれからもあたたかい目で、ときに厳しい目でフォローしたい。そして大学の魅力を探っていきたい。

早慶MARCHに関心がある方はぜひ、キャンパスを訪ねて、早慶MARCHのおもしろさを見つけてほしい。

本書をまとめるにあたって多くの学生、教職員から話をうかがった。資料や情報の提供、助言、調査などでは多くの方にお世話になった。大学通信の安田賢治さん、井沢秀さん、代々木ゼミナールの坂口幸世さん、駿台予備学校の石原賢一さんに感謝したい。朝日新聞出版書籍編集部の大﨑俊明さんには内容面できめ細かな指摘、データのチェックなど、面倒をおかけした。本書に関わった方々に厚くお礼を申し上げたい。そして、本書から早慶MARCHの魅力を発見してくださった読者のみなさんに感謝したい。

2023年2月

小林哲夫

1960年―2022年
早慶MARCH合格者模試平均得点データ・偏差値の見方

次ページより早稲田大、慶應義塾大、明治大、青山学院大、立教大、中央大、法政大の法学系、経済学系、商・経営学系、文学（英文）系の1960年から2022年における合格者模試平均得点データ・偏差値を掲載。原則として、もっとも募集人員の多い入試方式の偏差値を掲載。大学によっては学科別の募集を行っていないため（もしくは年度によっては一括募集）、学科名の記載がない場合がある。同順の場合は五十音順とした。なお、理系学部・学科は改編・改組が多いため年度による比較が難しく、掲載していない。

1960年、1965年は旺文社模試の合格者平均得点を掲載。1970年、1975年は旺文社模試偏差値を掲載。1980年以降は河合塾模試偏差値を掲載。1960年から1975年までの各大学の旺文社模試合格者平均得点と模試偏差値は学科別に算出されておらず、学部平均値となっている。1980年以降の河合塾模試偏差値データは2.5刻みに算出されており、実際は数値に幅があるが、表では下限値を掲載している。

入試科目数は、大学、学部、年によって異なり、難易度を一概に比較できないケースがある。2022年の早稲田大政治経済学部、青山学院大法学部・経営学部・文学部の個別A方式で共通テスト（共テ）が必須のため、この入試形式での偏差値を掲載している。

1965年合格者平均得点

法学系

大学名	学部学科名	合格者平均得点
早稲田大	法学部	186
慶應義塾大	法学部	181
中央大	法学部	178
立教大	法学部	172
明治大	法学部	171
青山学院大	法学部	164
法政大	法学部	160

経済学系

大学名	学部学科名	合格者平均得点
早稲田大	政治経済学部	189
慶應義塾大	経済学部	243(△)
立教大	経済学部	172
明治大	政治経済学部	166
中央大	経済学部	160
法政大	経済学部	154
青山学院大	経済学部	193(△)

商・経営学系

大学名	学部学科名	合格者平均得点
早稲田大	商学部	183
慶應義塾大	商学部	169
明治大	商学部	174
立教大	経済学部	172
中央大	商学部	164
法政大	経営学部	152

※青山学院大経営学部は1966年設立のためデータなし

文学系

大学名	学部学科名	合格者平均得点
早稲田大	第一文学部	186
慶應義塾大	文学部	182
青山学院大	文学部	177
立教大	文学部	172
明治大	文学部	163
中央大	文学部	160
法政大	文学部	158

※この年は旺文社模試合格者平均得点データです
※英・国・社型
※△は400点満点、その他は300点満点です

1960年合格者平均得点

法学系

大学名	学部学科名	合格者平均得点
慶應義塾大	法学部	168
早稲田大	法学部	155
中央大	法学部	127
立教大	法学部	117
法政大	法学部	91
明治大	法学部	91
青山学院大	法学部	82

経済学系

大学名	学部学科名	合格者平均得点
慶應義塾大	経済学部	189
早稲田大	政治経済学部	187
立教大	経済学部	113
青山学院大	経済学部	110
明治大	政治経済学部	100
中央大	経済学部	99
法政大	経済学部	84

商・経営学系

大学名	学部学科名	合格者平均得点
慶應義塾大	商学部	160
早稲田大	商学部	157
明治大	商学部	114
立教大	経済学部	113
中央大	商学部	110

※法政大経営学部は1959年(前年)設立、青山学院大経営学部は1966年設立のためデータなし

文学系

大学名	学部学科名	合格者平均得点
早稲田大	第一文学部	138
慶應義塾大	文学部	124
青山学院大	文学部	116
法政大	文学部	114
立教大	文学部	113
明治大	文学部	86
中央大	文学部	80

※この年は旺文社模試合格者平均得点データです
※英語120点、数学120点、国語100点の340点満点から算出

1975年偏差値

法学系

大学名	学部学科名	偏差値
早稲田大	法学部	65.9
中央大	法学部	62.8
慶應義塾大	法学部	61.2
立教大	法学部	61.0
明治大	法学部	59.9
青山学院大	法学部	58.7
法政大	法学部	56.8

経済学系

大学名	学部学科名	偏差値
早稲田大	政治経済学部	67.5
慶應義塾大	経済学部	65.1
立教大	経済学部	59.7
青山学院大	経済学部	57.7
明治大	政治経済学部	57.6
中央大	経済学部	56.8
法政大	経済学部	54.9

商・経営学系

大学名	学部学科名	偏差値
慶應義塾大	商学部	63.1
早稲田大	商学部	62.7
立教大	経済学部	59.7
中央大	商学部	57.4
明治大	商学部	57.2
青山学院大	経営学部	56.7
法政大	経営学部	54.6

文学系

大学名	学部学科名	偏差値
慶應義塾大	文学部	65.5
早稲田大	第一文学部	64.6
立教大	文学部	61.2
青山学院大	文学部	60.1
明治大	文学部	59.1
中央大	文学部	57.7
法政大	文学部	56.1

※この年は旺文社模試偏差値データです

1970年偏差値

法学系

大学名	学部学科名	偏差値
早稲田大	法学部	64.5
慶應義塾大	法学部	61.0
中央大	法学部	60.8
立教大	法学部	58.7
明治大	法学部	58.3
法政大	法学部	56.7
青山学院大	法学部	56.4

経済学系

大学名	学部学科名	偏差値
早稲田大	政治経済学部	65.9
慶應義塾大	経済学部	61.9
立教大	経済学部	58.2
青山学院大	経済学部	56.3
中央大	経済学部	55.4
明治大	政治経済学部	55.4
法政大	経済学部	53.9

商・経営学系

大学名	学部学科名	偏差値
早稲田大	商学部	62.0
慶應義塾大	商学部	58.5
立教大	経済学部	58.2
明治大	商学部	57.2
青山学院大	経営学部	56.7
中央大	商学部	56.6
法政大	経営学部	52.6

文学系

大学名	学部学科名	偏差値
早稲田大	第一文学部	63.9
慶應義塾大	文学部	61.5
立教大	文学部	58.7
明治大	文学部	56.3
青山学院大	文学部	56.1
中央大	文学部	54.6
法政大	文学部	54.0

※この年は旺文社模試偏差値データです

1985年偏差値

法学系

大学名	学部学科名	偏差値
慶應義塾大	法学部法律学科	67.5
早稲田大	法学部	67.5
中央大	法学部法律学科	62.5
青山学院大	法学部法学科	60.0
明治大	法学部法律学科	60.0
立教大	法学部法学科	60.0
法政大	法学部法律学科	57.5

経済学系

大学名	学部学科名	偏差値
早稲田大	政治経済学部経済学科	67.5
慶應義塾大	経済学部経済学科	62.5
明治大	政治経済学部経済学科	60.0
青山学院大	経済学部経済学科	57.5
中央大	経済学部経済学科	57.5
立教大	経済学部経済学科	57.5
法政大	経済学部経済学科	55.0

商・経営学系

大学名	学部学科名	偏差値
早稲田大	商学部	65.0
慶應義塾大	商学部商学科	60.0
青山学院大	経営学部	57.5
明治大	商学部商学科	57.5
立教大	経済学部経営学科	57.5
中央大	商学部経営学科	55.0
法政大	経営学部経営学科	55.0

文学（英文）系

大学名	学部学科名	偏差値
早稲田大	第一文学部	67.5
慶應義塾大	文学部	65.0
立教大	文学部英米文学科(A方式)	62.5
青山学院大	文学部英米文学科	60.0
中央大	文学部英米文学専攻	57.5
法政大	文学部英文学科	57.5
明治大	文学部文学科	57.5

※この年は河合塾模試偏差値データです

1980年偏差値

法学系

大学名	学部学科名	偏差値
早稲田大	法学部	65.0
中央大	法学部法律学科	60.0
青山学院大	法学部法学科	57.5
慶應義塾大	法学部法律学科	57.5
明治大	法学部法律学科	57.5
立教大	法学部法学科	57.5
法政大	法学部法律学科	55.0

経済学系

大学名	学部学科名	偏差値
早稲田大	政治経済学部経済学科	65.0
慶應義塾大	経済学部経済学科	62.5
青山学院大	経済学部経済学科	60.0
立教大	経済学部経済学科	60.0
法政大	経済学部経済学科	55.0
明治大	政治経済学部経済学科	55.0
中央大	経済学部経済学科	52.5

商・経営学系

大学名	学部学科名	偏差値
早稲田大	商学部	62.5
青山学院大	経営学部	57.5
慶應義塾大	商学部商学科	57.5
立教大	経済学部経営学科	57.5
明治大	商学部商学科	55.0
中央大	商学部経営学科	52.5
法政大	経営学部経営学科	52.5

文学（英文）系

大学名	学部学科名	偏差値
早稲田大	第一文学部	65.0
青山学院大	文学部英米文学科	62.5
慶應義塾大	文学部	62.5
立教大	文学部英米文学科	57.5
中央大	文学部英米文学専攻	55.0
明治大	文学部文学科	55.0
法政大	文学部英文学科	52.5

※この年は河合塾模試偏差値データです

1995年偏差値

法学系

大学名	学部学科名	偏差値
慶應義塾大	法学部法律学科	67.5
中央大	法学部法律学科	67.5
早稲田大	法学部	67.5
法政大	法学部法律学科(A方式)	62.5
明治大	法学部法律学科	62.5
立教大	法学部法学科	62.5
青山学院大	法学部法学科(A方式)	60.0

経済学系

大学名	学部学科名	偏差値
早稲田大	政治経済学部経済学科	67.5
慶應義塾大	経済学部経済学科(A方式)	65.0
青山学院大	経済学部経済学科	60.0
明治大	政治経済学部経済学科	60.0
中央大	経済学部経済学科(A方式)	60.0
立教大	経済学部経済学科	60.0
法政大	経済学部経済学科	57.5

商・経営学系

大学名	学部学科名	偏差値
早稲田大	商学部	67.5
慶應義塾大	商学部商学科(A方式)	62.5
青山学院大	経営学部経営学科	60.0
法政大	経営学部経営学科	60.0
明治大	商学部商学科	60.0
立教大	経済学部経営学科	60.0
中央大	商学部経営学科	57.5

文学(英文)系

大学名	学部学科名	偏差値
早稲田大	第一文学部	70.0
慶應義塾大	文学部	65.0
明治大	文学部文学科	62.5
立教大	文学部英米文学科(A方式)	62.5
青山学院大	文学部英米文学科	60.0
中央大	文学部英米文学専攻	60.0
法政大	文学部英文学科	60.0

※この年は河合塾模試偏差値データです

1990年偏差値

法学系

大学名	学部学科名	偏差値
慶應義塾大	法学部法律学科	70.0
早稲田大	法学部	67.5
中央大	法学部法律学科	65.0
立教大	法学部法学科	65.0
青山学院大	法学部法学科	62.5
明治大	法学部法律学科	62.5
法政大	法学部法律学科	60.0

経済学系

大学名	学部学科名	偏差値
早稲田大	政治経済学部経済学科	70.0
慶應義塾大	経済学部経済学科(A方式)	65.0
中央大	経済学部経済学科(A方式)	62.5
明治大	政治経済学部経済学科	62.5
立教大	経済学部経済学科	62.5
青山学院大	経済学部経済学科	60.0
法政大	経済学部	57.5

商・経営学系

大学名	学部学科名	偏差値
早稲田大	商学部	67.5
青山学院大	経営学部	62.5
慶應義塾大	商学部商学科(A方式)	62.5
明治大	商学部商学科	62.5
中央大	商学部経営学科	60.0
立教大	経済学部経営学科	60.0
法政大	経営学部経営学科	57.5

文学(英文)系

大学名	学部学科名	偏差値
早稲田大	第一文学部	67.5
慶應義塾大	文学部	65.0
立教大	文学部英米文学科(A方式)	62.5
青山学院大	文学部英米文学科	60.0
中央大	文学部英米文学専攻	60.0
法政大	文学部英文学科	60.0
明治大	文学部文学科	60.0

※この年は河合塾模試偏差値データです

2005年偏差値

法学系

大学名	学部学科名	偏差値
慶應義塾大	法学部法律学科(B方式)	70.0
早稲田大	法学部	70.0
中央大	法学部法律学科(A方式)	65.0
立教大	法学部法学科(個別)	62.5
法政大	法学部法律学科(A方式)	60.0
明治大	法学部法律学科(一般)	60.0
青山学院大	法学部法学科	57.5

経済学系

大学名	学部学科名	偏差値
早稲田大	政治経済学部経済学科	70.0
慶應義塾大	経済学部経済学科(A方式)	67.5
明治大	政治経済学部経済学科	60.0
立教大	経済学部経済学科	60.0
青山学院大	経済学部経済学科(A方式)	57.5
中央大	経済学部経済学科	57.5
法政大	経済学部経済学科(A方式)	57.5

商・経営学系

大学名	学部学科名	偏差値
早稲田大	商学部	67.5
慶應義塾大	商学部商学科(A方式)	62.5
立教大	経済学部経営学科	62.5
明治大	商学部商学科(一般)	60.0
青山学院大	経営学部経営学科(A方式)	57.5
中央大	商学部経営学科(A方式)	57.5
法政大	経営学部経営学科(A方式)	57.5

文学(英文)系

大学名	学部学科名	偏差値
慶應義塾大	文学部人文社会学科	65.0
早稲田大	第一文学部総合人文学科	65.0
立教大	文学部英米文学科	62.5
青山学院大	文学部英米文学科(A方式)	60.0
明治大	文学部文学科(一般)	60.0
中央大	文学部英米文学専攻	57.5
法政大	文学部英文学科(A方式)	57.5

※この年は河合塾模試偏差値データです

2000年偏差値

法学系

大学名	学部学科名	偏差値
慶應義塾大	法学部法律学科	70.0
早稲田大	法学部	67.5
中央大	法学部法律学科	62.5
立教大	法学部法学科	62.5
法政大	法学部法律学科(A方式)	60.0
明治大	法学部法律学科	60.0
青山学院大	法学部法学科(A方式)	55.0

経済学系

大学名	学部学科名	偏差値
早稲田大	政治経済学部経済学科	67.5
慶應義塾大	経済学部経済学科(A方式)	62.5
立教大	経済学部経済学科	60.0
明治大	政治経済学部経済学科(A方式)	57.5
青山学院大	経済学部経済学科(A方式)	55.0
中央大	経済学部経済学科(A方式)	55.0
法政大	経済学部経済学科(A方式)	55.0

商・経営学系

大学名	学部学科名	偏差値
早稲田大	商学部	65.0
慶應義塾大	商学部商学科(A方式)	60.0
立教大	経済学部経営学科	60.0
中央大	商学部経営学科(A方式)	57.5
明治大	商学部商学科(A方式)	57.5
青山学院大	経営学部経営学科(A方式)	55.0
法政大	経営学部経営学科	55.0

文学(英文)系

大学名	学部学科名	偏差値
慶應義塾大	文学部	67.5
早稲田大	第一文学部	65.0
立教大	文学部英米文学科(A方式)	62.5
青山学院大	文学部英米文学科(A方式)	57.5
法政大	文学部英文学科	57.5
明治大	文学部文学科	57.5
中央大	文学部英米文学専攻	55.0

※この年は河合塾模試偏差値データです

2015年偏差値

法学系

大学名	学部学科名	偏差値
慶應義塾大	法学部法律学科	70.0
早稲田大	法学部	67.5
中央大	法学部法律学科(一般)	62.5
立教大	法学部法学科(A方式)	60.0
青山学院大	法学部法学科(A方式)	57.5
法政大	法学部法律学科(A方式)	57.5
明治大	法学部法律学科(一般)	57.5

経済学系

大学名	学部学科名	偏差値
早稲田大	政治経済学部経済学科	67.5
慶應義塾大	経済学部経済学科(A方式)	65.0
青山学院大	経済学部経済学科	60.0
立教大	経済学部経済学科(個別)	60.0
中央大	経済学部経済学科(一般)	57.5
明治大	政治経済学部経済学科(一般)	57.5
法政大	経済学部経済学科(A方式)	55.0

商・経営学系

大学名	学部学科名	偏差値
立教大	経営学部経営学科(個別)	65.0
早稲田大	商学部	65.0
慶應義塾大	商学部商学科(A方式)	62.5
青山学院大	経営学部経営学科(A方式)	60.0
明治大	商学部商学科(一般)	60.0
中央大	商学部経営学科(一般)	57.5
法政大	経営学部経営学科(A方式)	57.5

文学(英文)系

大学名	学部学科名	偏差値
慶應義塾大	文学部人文社会学科	65.0
早稲田大	文学部文学科	65.0
立教大	文学部英米文学専攻(個別)	60.0
青山学院大	文学部英米文学科(A方式)	57.5
法政大	文学部英文学科(A方式)	57.5
明治大	文学部英米文学専攻(一般)	57.5
中央大	文学部英語文学文化学専攻(一般)	55.0

※この年は河合塾模試偏差値データです

2010年偏差値

法学系統

大学名	学部学科名	偏差値
慶應義塾大	法学部法律学科(B方式)	72.5
早稲田大	法学部	70.0
中央大	法学部法律学科	67.5
立教大	法学部法学科(個別)	62.5
青山学院大	法学部法学科(A方式)	60.0
明治大	法学部法律学科(一般)	60.0
法政大	法学部法律学科(A方式)	57.5

経済学系

大学名	学部学科名	偏差値
早稲田大	政治経済学部経済学科	72.5
慶應義塾大	経済学部経済学科(A方式)	70.0
青山学院大	経済学部経済学科(A方式)	62.5
明治大	政治経済学部経済学科(一般)	62.5
立教大	経済学部経済学科(個別)	62.5
中央大	経済学部経済学科	57.5
法政大	経済学部経済学科(A方式)	57.5

商・経営学系

大学名	学部学科名	偏差値
早稲田大	商学部	70.0
慶應義塾大	商学部商学科(A方式)	67.5
立教大	経営学部経営学科(個別)	65.0
明治大	商学部商学科(一般)	62.5
青山学院大	経営学部経営学科(A方式)	60.0
法政大	経営学部経営学科(A方式)	60.0
中央大	商学部経営学科(一般)	57.5

文学(英文)系

大学名	学部学科名	偏差値
慶應義塾大	文学部人文社会学科	67.5
早稲田大	文学部文学科	67.5
立教大	文学部英米文学科(個別)	62.5
青山学院大	文学部英米文学科(A方式)	60.0
明治大	文学部文学科(一般)	60.0
中央大	文学部英語文学文化学科	57.5
法政大	文学部英文学科(A方式)	57.5

※この年は河合塾模試偏差値データです

2022年偏差値

法学系

大学名	学部学科名	偏差値
慶應義塾大	法学部法律学科	67.5
早稲田大	法学部	67.5
立教大	法学部法学科(個別)	65.0
中央大	法学部法律学科(一般)	62.5
法政大	法学部法律学科(A方式)	60.0
明治大	法学部法律学科	60.0
青山学院大	法学部法学科(個別A方式・共テ)	57.5

経済学系

大学名	学部学科名	偏差値
早稲田大	政治経済学部経済学科(共テ)	70.0
慶應義塾大	経済学部経済学科(A方式)	67.5
青山学院大	経済学部経済学科(個別A方式)	62.5
明治大	政治経済学部経済学科	60.0
立教大	経済学部経済学科	60.0
中央大	経済学部経済学科(一般)	57.5
法政大	経済学部経済学科(A方式)	57.5

商・経営学系

大学名	学部学科名	偏差値
早稲田大	商学部(地歴・公民型)	70.0
慶應義塾大	商学部(A方式)	65.0
立教大	経営学部(個別)	65.0
青山学院大	経営学部経営学科(個別A方式・共テ)	62.5
明治大	商学部商学科	60.0
中央大	商学部経営学科(一般)	57.5
法政大	経営学部経営学科(A方式)	57.5

文学(英文)系

大学名	学部学科名	偏差値
早稲田大	文学部文学科	67.5
慶應義塾大	文学部人文社会学科	65.0
青山学院大	文学部英米文学科(個別A方式・共テ)	60.0
明治大	文学部英米文学専攻	60.0
立教大	文学部英米文学科	60.0
法政大	文学部英文学科(A方式)	57.5
中央大	文学部英語文学文化学科(一般)	55.0

※この年は河合塾模試偏差値データです

2020年偏差値

法学系

大学名	学部学科名	偏差値
慶應義塾大	法学部法律学科	70.0
早稲田大	法学部	67.5
青山学院大	法学部法学科(A方式)	62.5
中央大	法学部法律学科(一般)	62.5
法政大	法学部法律学科(A方式)	60.0
明治大	法学部法律学科(一般)	60.0
立教大	法学部法学科(個別)	60.0

経済学系

大学名	学部学科名	偏差値
早稲田大	政治経済学部経済学科	70.0
慶應義塾大	経済学部経済学科(A方式)	67.5
青山学院大	経済学部経済学科(A方式)	62.5
明治大	政治経済学部経済学科	62.5
立教大	経済学部経済学科(個別)	62.5
中央大	経済学部経済学科(一般)	60.0
法政大	経済学部経済学科(A方式)	60.0

商・経営学系

大学名	学部学科名	偏差値
早稲田大	商学部	70.0
慶應義塾大	商学部(A方式)	65.0
立教大	経営学部(個別)	65.0
青山学院大	経営学部経営学科(A方式)	62.5
法政大	経営学部経営学科(A方式)	62.5
明治大	商学部商学科(一般)	62.5
中央大	商学部経営学科(一般)	60.0

文学(英文)系

大学名	学部学科名	偏差値
早稲田大	文学部文学科	67.5
慶應義塾大	文学部人文社会学科	65.0
法政大	文学部英文学科(A方式)	60.0
明治大	文学部英米文学専攻(一般)	60.0
立教大	文学部英米文学科(個別)	60.0
青山学院大	文学部英米文学科(個別A方式)	57.5
中央大	文学部英語文学文化学科(一般)	57.5

※この年は河合塾模試偏差値データです

小林哲夫　こばやし・てつお
1960年、神奈川県生まれ。教育ジャーナリスト、フリー編集者。教育、社会問題を総合誌などに執筆。1994年から『大学ランキング』(朝日新聞出版)編集者。『高校紛争1969−1970』(中公新書)、『学校制服とは何か』(朝日新書)、『「旧制第一中学」の面目』(NHK出版新書)、『改訂版 東大合格高校盛衰史』(光文社新書)など著書多数。

朝日新書
901
早慶《そうけい》MARCH大激変《だいげきへん》
「大学序列」の最前線

2023年3月30日第1刷発行

著　者　小林哲夫

発行者　三宮博信
カバーデザイン　アンスガー・フォルマー　田嶋佳子
印刷所　凸版印刷株式会社
発行所　朝日新聞出版
〒104-8011　東京都中央区築地5-3-2
電話　03-5541-8832（編集）
　　　03-5540-7793（販売）

Published in Japan by Asahi Shimbun Publications Inc.
ISBN 978-4-02-295210-3
定価はカバーに表示してあります。

落丁・乱丁の場合は弊社業務部(電話03-5540-7800)へご連絡ください。
送料弊社負担にてお取り替えいたします。

朝日新書

70代から「いいこと」ばかり起きる人

和田秀樹

最新科学では70歳以上の高齢者に関するポジティブなデータが発表され、「お年寄り」の実態は昔と今では大きく違っていた。これまで「高齢者の常識」を覆し続けてきた著者が、気休めではない最新の知見をもとに加齢によるいいことをアップデートし、幸福のステージに向かうための実践術を提案!!

朽ちるマンション　老いる住民

朝日新聞取材班

管理会社「更新拒否」、大規模修繕工事の水増し請求、認知症の住民の増加——。建物と住民の高齢化問題に直面した人々の事例を通し、マンションという共同体をどう再生していくのかを探る。「朝日新聞」大反響連載、待望の書籍化。

お市の方の生涯

「天下一の美人」と娘たちの知られざる政治権力の実像

黒田基樹

お市の方は織田家でどのような政治的立場に置かれていたか？　浅井長政との結婚、柴田勝家との再婚の歴史的・政治的な意味とは？　さらに3人の娘の動向は歴史にどう影響したのか？　史料が極めて少なく評伝も皆無に近いお市の方の生涯を、最新史料で読み解く。

朝日新書

「外圧」の日本史
白村江の戦い・蒙古襲来・黒船から現代まで

本郷和人
簑原俊洋

遣唐使からモンゴル襲来、ペリーの黒船来航から連合国軍による占領まで、日本が岐路に立たされる時、そこにはつねに「外圧」があった——。メディアでも人気の歴史学者と気鋭の国際政治学者が、対外関係の歴史から日本の今後を展望する。

スマホはどこまで脳を壊すか

榊　浩平／著
川島隆太／監修

何でも即検索、連絡はSNS、ひま潰しに動画やゲーム……スマホやパソコンが手放せない〝オンライン習慣〟は、脳を「ダメ」にする危険性も指摘されている。その悪影響とは——、「脳トレ」の川島教授率いる東北大学の研究チームが最新研究から明らかに。

2035年の世界地図
失われる民主主義　破裂する資本主義

エマニュエル・トッド
マルクス・ガブリエル
ジャック・アタリ
ブランコ・ミラノビッチほか

戦争、疫病、貧困と分断、テクノロジーと資本の暴走——歴史はかつてなく不確実性を増している。「転換点」を迎えた世界をどうとらえるのか。縮みゆく日本で、私たちがなしうることは何か。人類最高の知性の目が見据える「2035年」の未来予想図。

新宗教　戦後政争史

島田裕巳

新宗教はなぜ、政治に深く入り込んでいくのか？　この問いは、日本社会のもう一つの素顔をあぶりだす。新宗教は高度経済成長の産物であり、近代日本社会の宗教体制を色濃く反映している。天皇制とのかかわりに特に着目すれば、「新宗教とは何か」が見えてくる！